会話がはずむ雑談力

10秒でコミュニケーション力が上がる

齋藤 孝

ダイヤモンド社

はじめに　毎日使う雑談力こそ、最強のスキルである

「あら、○○さん」

「ああ、どうも」

「……」

――信号待ちの交差点でご近所さんに会っても、話ができず間が持たない。

「もうすぐ上司が参りますので、しばらくお待ちください」

「わかりました」

「……」

――取引先で商談をするとき、本題以外の話ができない。

「はじめまして。新しく御社の担当になった○○です。よろしくお願いします」

「こちらこそ、よろしくお願いします」

「……」

――初対面の人と名刺交換しても、その後の話が続かない。

ああ、話し上手になれたらいいな――でも、口下手だから。
ああ、誰とでも気軽に雑談できたらいいな――でも、トーク術がないから。
ああ、気のきいた返しができるといいな――でも、コミュ力がないから。

でもそれは考え違いです。

雑談の本質は、相手との距離を縮め、その場の空気を和らげること。ペラペラと饒《じょう》舌《ぜつ》に胸中を披歴《ひれき》することではありません。話の上手下手、トーク術の有無はまったく関係ないのです。

黙っていることで、自分も、そして自分と同じように相手も感じているだろう「気づまり感」や「気まずさ」「居心地の悪さ」を解消できればそれでOK。

ちょっとした法則やルールを知り、簡単なテクニックさえ身につければ、本当は雑談なんて誰にでもできます。

いつも沈黙になってしまう、雑談はどうも苦手という人は、**雑談ができないのではなく、まだそのやり方を知らないだけなのです。**

英会話にはお金をかけるのに、なぜ「日常会話力」は磨かない？

グローバル社会、国際化社会が叫ばれるこの時代、英語や中国語をはじめとするさまざまな外国語を身につけようと外国語会話スクールに通ったり、教材を購入して勉強したりする人が増えています。

何万円ものお金や多くの時間をかけて異文化である外国語コミュニケーションを学ぶことに比べれば、ネイティブである日本語による何気ない日常会話、雑談という気軽なコミュニケーションの簡単なルールやテクニックを身につけることは、決して高いハードルではないはず。**英会話を学ぶより、日々の雑談のコツを知ることのほうが簡単かつ有効なのです**。

もっと言えば、日本で暮らしている限りは、日本語で誰かとコミュニケーションをとる時間のほうが、外国語を使って会話をする時間より、圧倒的に長いでしょう。

一生の中でもっとも多くの時間を費やすものを、よりよくしていくことは、決してムダではないはずです。

「311」が教えてくれた、雑談力は私たちの生きる力

何気ない会話はどうも苦手……そんなふうに悩む人たちのために、前著『雑談力が上がる話し方』を書き、出版したのは2010年でした。

当時は、雑談の存在意義そのものを問う声も多く聞かれました。「メールで十分事足りてるのに、今さら雑談なんて何の意味があるの?」「中身のない話なんて、するだけ時間のムダでしょう」といった疑問を呈する方々も少なくなかったのです。

ところが——。**そんな状況が一変する出来事が起こりました。**

2011年3月11日に発生した東日本大震災です。東北地方太平洋沖地震とそれに伴う福島第一原発事故は、東北地方を中心に未曾有《みぞう》の、そして甚大な被害をもたらしました。

被災地では家族を亡くし、住む家を失い、避難所生活を余儀なくされた方も大勢いらっしゃいました。

緊急避難的な措置ゆえに確保できるスペースも狭く、プライバシーも守れない。電

気の供給が止まり、携帯もスマホもパソコンも使えない。しかも顔見知りやご近所さんだけでなく、まったく見知らぬ人たちとも共同生活を送らざるを得ない。そんな環境では誰もが気苦労が絶えず、イライラやストレスも蓄積しがちであろうことは想像に難くありません。

避難所からいつ出られるかわからない。余震も続いて不安も募る。**明日のことさえもわからない状況下で人々の心を癒やしたもの――それが「何気ない日常会話」、「ちょっとした雑談」だったのです。**

避難所を出て仮設住宅に暮らす独り暮らしの高齢者からは「何もいらない。ただ、話し相手がほしい」という声が聞かれ、「こうやってあんたと話をしたら、気が紛れて安心した」と声をかけられたボランティアの人もいたといいます。

また、ある読者の方からこんなお話をうかがったことがあります。

「あたりまえ」の反対は「ありがたい」。日々のくだらない会話が、どれだけ私たちの生活にとって大事なものだったのか、失ってはじめて気づきました。

「おはよう」とあいさつを交わし、家族やご近所さん、友人の無事を確認し、「じゃあまた明日」といえることの尊さを。

思春期で、それまで家族との会話がほとんどなかった息子も、今は「今日は晴れるみたいだね」などと、話しかけてくるようになりました。

『雑談力が上がる話し方』に書かれていた、

「これからの時代、雑談力を身につけることは、強く生き抜く力を身につけることそのもののように感じてなりません。そして、自分が強く生き抜くための力でありながら、同時にその力は、周りの人々を生かす力にもなる。話すことで人は救われ、聞いてもらうことで人は癒やされる。雑談とは、言葉を持つ私たち人間だけが持っている、生きるための力なのではないか、と私は思っています」

という一文を読んで、本当にそのとおりなんだと痛感しました。

中身のない、結論もない、何気ない話をちょっとだけして、「じゃあまた明日」と別れの言葉を交わす。そして明日も同じように「おはよう」と声をかけ、同じように何気ない会話が始まる。

私たちに人と人とのつながりをもたらし、強く生きる力を授けてくれるのは、こうした何気ない日常です。そしてその土台になるのが、普段のちょっとした会話である雑談なのです。

雑談は人と人とをつなぐ最も基本となるコミュニケーションです。しかしながら、いちばんの基本だけど、それがなかなか難しい。

「理屈ではわかるけれど、実践だとまだハードルが高い」

「2人なら話せるけれど、大勢いると話に入れない」

このような声がいまだに多いのも、また事実です。


そこで今一度、雑談の意味をひもとき、難解と思われていることはよりかみ砕き、高いと感じられているハードルはグンと引き下げ、雑談をもっともっと身近なものにするためのヒントを紹介しようと考え、改めて本書をまとめることにしました。


前著をお読みいただいた方にも、そうでない方にもきっと役に立つはずです。

雑談とは「生きる力」そのもの——東日本大震災から5年以上たった今も、私の考えに変わりはありません。

たかが雑談、されど雑談。あなたの日常をより豊かにするための雑談力を、本書でもう一度見直してみませんか。

さっそくはじめましょう!

会話がはずむ雑談力　目次

第１章 まずは「10秒の雑談」を身につける
――声かけ、話して、別れる「会話の基本」　15

第2章 しゃべらず盛り上げる雑談力

第3章 3人以上の雑談を制する——誰もが苦手な、複数人との雑談を克服する

第1章 まずは「10秒の雑談」を身につける

——声かけ、話して、別れる「会話の基本」

1

まずは10秒の雑談を身につけよう

会話は正直あまり得意じゃない。

とくに、知らない人との会話は苦手。

エレベーターでご近所さんと2人きりになってしまったとき、パーティーや勉強会などで周囲は知らない人だらけのとき。

その沈黙は苦痛となり、早くこの時間が過ぎてくれないかと、祈るような気持ちになっている自分がいる……。

また、知り合い同士でも、親戚や会社の上司、取引先、まだ仲良くなっていない人たちとは、話題探しも大変で、話が続かず、気まずい空気が流れてしまう……。

さらには、夫婦や家族との会話も少なくなったという人。

娘や息子に何か話しかけると、あからさまに面倒くさい顔でひと言だけ返されたり、パートナーからは、逆に「もっと自分の話を聞いて」と言わんばかりに、興味のない長話に付き合わされたり……。

知らない人とも、親しい人とも、「何気ない会話」って案外難しい。

こう感じている人は多いのではないでしょうか。

エレベーターに乗り合わせた人となら、降りる階に到着するまで。

駅のホームやバス停でばったり会った人となら、電車やバスに乗るまで。

商談前なら、本題に入るまで。

パーティー会場での「ご歓談ください」なら、次の催しが始まるまで。

「気まずい」時間は、シチュエーションによって異なります。

気心の知れた者同士が1時間、2時間とのんびりと雑談に興じる、女子会のようにエンドレスでおしゃべりを続けるなど、腰を据えての長時間に及ぶ雑談もありますが、実際の日常生活でもっとも多い雑談の機会は、もっともっと短いちょっとした「すきま時間」にあります。

この「すきま時間」を、「気まずい時間」から「心地よい瞬間」に変えることができたら……。ほんのちょっとの時間の、何気ない会話ができるようになるだけで、人づき合いに対する苦手意識はなくなり、コミュニケーション能力も高まり、あなたの好感度も確実にアップする。たかが雑談、されど雑談なのです。

前著『雑談力が上がる話し方』で、「雑談のベストタイムは30秒」という話を書きましたが、雑談はもっと短い時間でも十分に成立することに気づきました。

そこで、この本では、雑談を次のように定義したいと考えます。

雑談のベストタイムは「30秒」。

そして、**雑談になり得る時間の最小単位は「10秒」**。

10秒あれば、誰もが雑談ができる。

逆に言えば、雑談は10秒で十分なのです。

先ほど書いた、実際の日常生活でもっとも多い雑談の機会である「すきま時間」を攻略するには、10秒雑談ができればいい、というわけ。

まずは雑談の基本の**「き」として、「10秒の雑談」を身につけましょう**。

10秒で雑談という話をすると、「それだけ？　そんなに短い時間じゃ何も話せないんじゃないの」と疑問に思う人も少なくないでしょう。しかし「10秒雑談」の機会は思っている以上に訪れます。

次の項から、具体的なシチュエーションで見てみましょう。

図1

まずは10秒雑談を身につけよう

雑談のベストタイムは30秒

30秒あれば結構いろんなことが話せる

雑談の最小単位は10秒

すれ違いざまのひと言、ふた言でも雑談は成立する

CHECK

日常のちょっとした「すき間」時間を、気まずい沈黙から心地よい瞬間に変える。それが雑談の役割です

2

日常会話は10秒で成り立っている

ゴミ出しでマンションの管理人さんに会って交わすこんな会話、

「おはようございます。あれ、誰か引っ越しですか」

「3階の○○さんが」

「へえ、寂しくなりますね」

「そうですね」——これで約10秒。

スーパーで顔を合わせたご近所さんとのこんな会話、

「あら、○○さんもお買い物？」

「ええ、息子が友達連れてくるっていうから、あわてて」

「急に言われると困っちゃうわね」

「そうなのよ、じゃあお先に」——これで約10秒。

オフィスの階段の踊り場でばったり顔を合わせた同僚と交わすこんな会話、

「先週ゴルフだったんだって」

「大雨で散々だったけどな」

「今度、行こうぜ」

「ああ連絡する」――これで約10秒。


チャイムが鳴って授業が始まる寸前、隣の席の友人とのこんな会話、

「おはよう、今日はいつもより電車が混んでいたね」

「信号故障で電車遅れていたみたいだよ」

「だからあんなに混んでいたんだ～」

「朝から大変だったね、あ、先生来た！」


みなさんの毎日にも、こうしたすれ違いざまのやりとりは、しょっちゅうあるのではないでしょうか。

誰もが普段から、たったの10秒で雑談を交わしているのです。

「こんなのでも、雑談って言えるの？」と思うかもしれません。

でも黙ってすれ違うのではなく、目をそらして立ち去るのでもなく、ちょっと話して、ちょっと打ち解ける。たったの10秒の雑談ではありますが、これも**ちゃんとした会話であり、お互いの心がほぐれて場の空気も変わる、立派なコミュニケーションなのです。**

ほんのひと言ふた言、たった10秒でも雑談になる。

そう言われると、少し気がラクになりませんか。

「雑談が苦手」「話が下手」という人も、かなり心のハードルが下がったのではありませんか。そう、臆することはありません。雑談なんて簡単なのです。

図2

日常会話は10秒で成り立っている

ゴミ出しで管理人さんとばったり

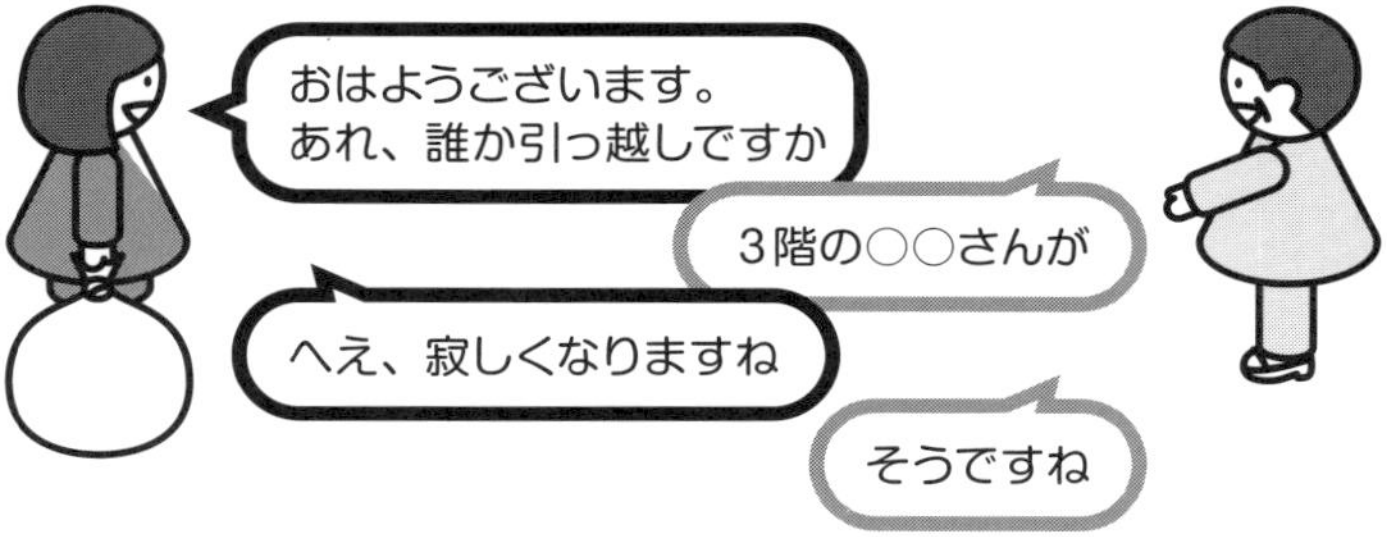
おはようございます。
あれ、誰か引っ越しですか
3階の○○さんが
へえ、寂しくなりますね
そうですね

スーパーで顔を合わせたご近所さんと

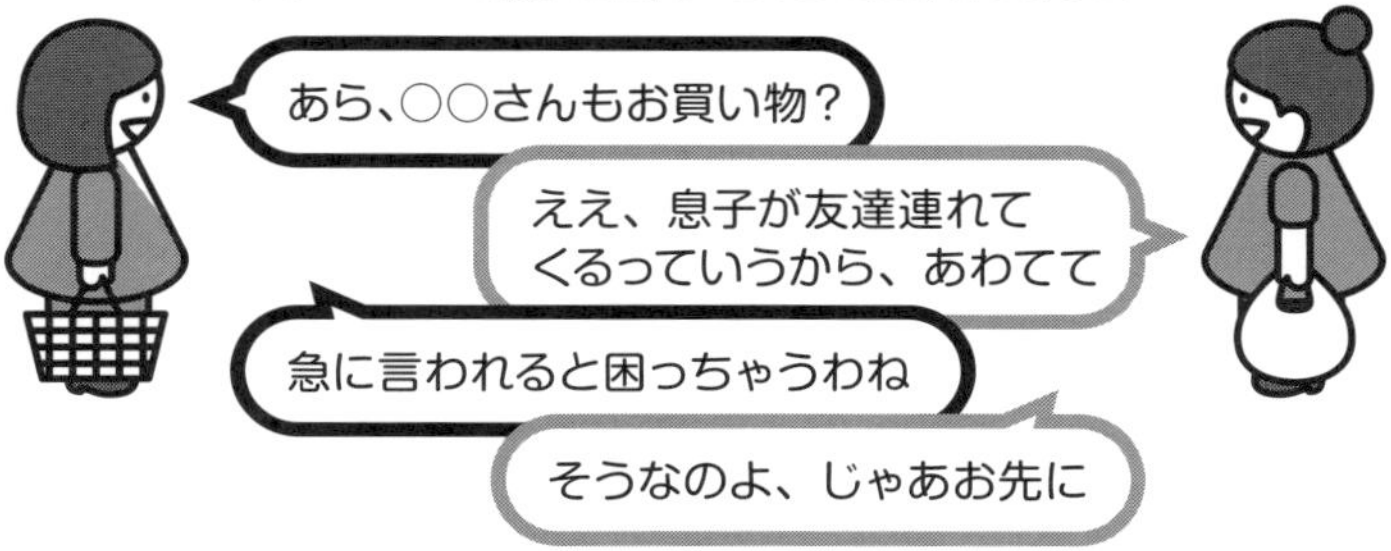
あら、○○さんもお買い物？
ええ、息子が友達連れて
くるっていうから、あわてて
急に言われると困っちゃうわね
そうなのよ、じゃあお先に

CHECK

このような「たった10秒の雑談」も
立派なコミュニケーション。
口下手や会話が苦手な人も、できるようになります

3

「10秒なんてあっという間」は誤解である

多くの人は「10秒なんて一瞬」「10秒なんてあっという間」と思うかもしれません。

しかし、本当にそうでしょうか。

10秒という時間について、違う視点で考えてみましょう。

私はテレビのコメンテーターとして番組に出演する仕事も多いのですが、どの番組でもコメントは5～10秒程度にまとめるのが基本となっているようです。

ですからコメントを求められて15秒も話していると「話が長い」と思われ、ときには編集でカットされることさえあります。

確かに15秒といえば、テレビCMの1本分に当たる長さ。

そう考えると「長い」気がしますよね。15秒間、ずっと1人で話し続ければ、テレビ的には——になってしまうのもうなずけます。

ということは、「10秒あればそこそこの話ができる」ということ。

加えて、「10秒であれば、相手の話も『長い』と感じずに聞ける」ということ。

10秒は、雑談にとって絶妙な長さなのです。

さらに違う視点で考えてみましょう。

10秒が、おしゃべりではなく、「沈黙の時間」だとしたらどうでしょうか。

もし会話の途中でいきなり全員が3秒間黙り込んだとしたら……。誰かと話をしているときに、時計を見ながら3秒、息を止めて沈黙してみればわかると思います。その沈黙は非常に長く、気づまりな感じがするはずです。

これが10秒にもなれば、「何、何、どうした?」と大きな違和感を覚えるはず。テレビなら、確実に放送事故のレベルです。

私は大学で授業をする際、よくストップウオッチを使います。「5秒で印象に残る自己紹介をして」「あなたのマイブームを10秒で話して」「隣の人と30秒間、学校以外の話題で雑談して」などなど――。

「はい、ヨーイドン」とストップウオッチで計りながら話させると、学生たちは「時間がない」「短すぎて話せない」と困惑し、苦労し、お手上げになるケースもあります。

しかしそれも最初のうちだけ。

慣れてくると徐々に時間内で課題をこなせるようになっていきます。5秒なんてあっという間、10秒じゃ何も話せっこないという先入観が消えて、その時間を有効に使えるようになるのです。

ポイントは10秒という時間の長さを意識してみること。

意識するだけで、この10秒は価値ある時間に変わっていくのです。

4

10秒は何文字？ 文字にして気づくその「密度」

『情報7daysニュースキャスター』（TBS系）という番組で、大学の教え子だった安住紳一郎アナと一緒になります。

生放送のオンエア中、彼はときどき「CMまで残り1秒」「番組終了の1秒前」というときでも、印象的なコメントをズバッと入れてきます。

近くで見ていて「よく、残り1秒でコメントを入れられるなぁ」といつも感心するのですが、彼は、「そこがおもしろいんですよ」と平然としています。

安住アナに限らず秒単位で仕事をしているプロのアナウンサーの方々は、1秒、2秒というわずかな時間でも、印象に残るフレーズをズバッと言えることを知っています。

10秒は1秒の10倍です。

1秒でもコメントが言えるのですから、10秒もあれば、ちょっとした雑談だって十分にできるはずです。

アナウンサーは、1分間に約300文字を話すと言います。

これが早口すぎず、のんびりし過ぎない、聞きやすいスピードと言っていいでしょう。
これを基準にするなら、**10秒なら約50文字分は話せる**ということです。

たとえば、マンションのエレベーターでのこんなやりとり——

A「お出かけですか、どちらまで?」
B「中学の同窓会に。20年ぶりなんですよ」
A「それは楽しみですね。いってらっしゃい」

これでトータル45文字。時間にしてほぼ10秒の「あいさつだけではない雑談」になりました。10秒あれば、ちゃんと雑談ができたでしょう。
こんなシンプルなやりとりも雑談なのか——そんな疑問もあるかと思います。でも心配無用、これも立派な雑談です。
むしろ本当に重要なエッセンスだけを取り入れた雑談の超・基本型なのです。

図3

10秒で約50文字 これが超・基本型

アナウンサーは1分間に**約300文字**話す

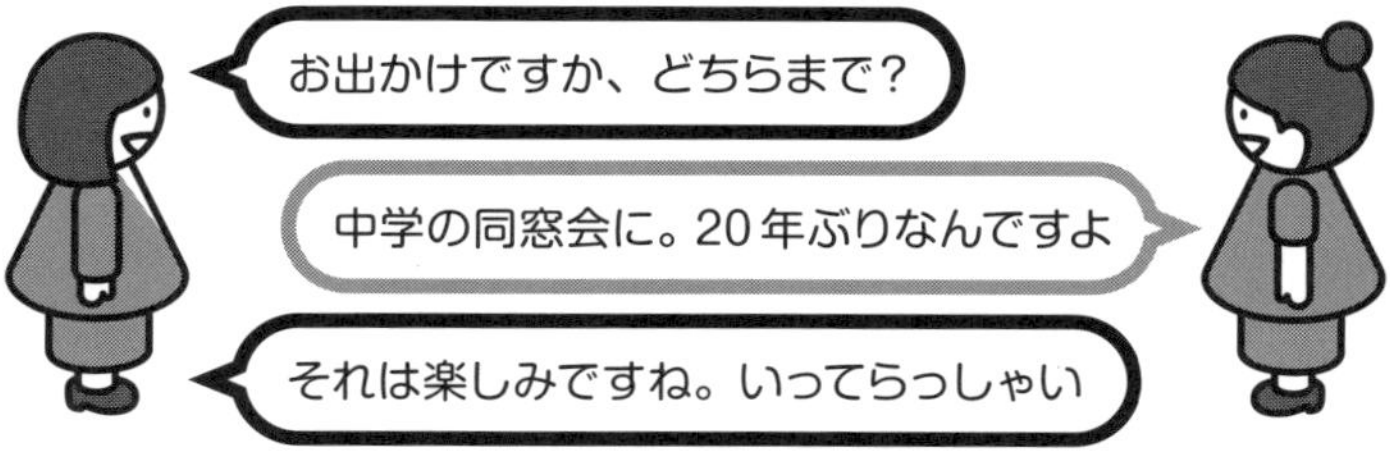

このやりとりで**約50文字！**

CHECK

**10秒って一瞬では？と思いきや、こんなふうに
さりげない会話ができてしまう！**

5

たった3ステップで完成！ 雑談の超・基本型

武道や武術ではまず「基本の型」をしっかりと覚え、それを応用・発展させることで、より多彩な技を身につけていきます。

雑談にも「まず覚えておくべき基本型」があります。

まずは基本型を押さえましょう。

雑談の基本は、次の3ステップです。

雑談力が上がる10秒雑談・基本ステップ

ステップ1 声をかける　↓　ステップ2 話す　↓　ステップ3 別れる

突き詰めれば、雑談というのはすべて、この3つのステップで構成されています。

この3ステップが、余分なものをそぎ落とし、必要最小限の要素だけを残した雑談の「基本型」なのです。

お気づきだと思いますが、「10秒間、同じ話題でそのまま話し続けるのではない」のがポイント。ステップを踏んで、言葉を交わし、最後は別れる。別れのひと言を告げることで、雑談は完成します。

相手に気をつかったり、互いにストレスを感じながらもダラダラと続く、中身のない会話は、この本でいうところの雑談ではありません。それは単なるムダ話。

相手へのちょっとした心づかい、一瞬の場づくり雰囲気づくり、緊張した空気を動かしてほぐす、といった明確な意志を持って交わされ、さっと終わらせることができる。これこそが、10秒雑談の極意です。

こうした雑談力のある人こそ、真にコミュニケーション能力が高い人なのです。

6

1時間の立ち話もすれ違いの10秒も、会話の構成は同じ

先ほどの10秒でできる雑談の例を見てみましょう。

A「お出かけですか、どちらまで？」　↓　ステップ1 声をかける
B「中学の同窓会に。20年ぶりなんですよ」　↓　ステップ2 話す
A「それは楽しみですね。いってらっしゃい」　↓　ステップ3 別れる

これだけのやりとりでも、基本の3ステップを踏んでいることがわかります。

この3ステップに会話を当てはめれば、どんな状況下でも雑談は成立します。

雑談するシチュエーションはさまざまですが、1時間の長い雑談も、すれ違いざまの短い雑談も、すべてはこの基本構成をベースにした応用でしかありません。

最小単位の10秒でできる雑談は、まさにこの基本型をそのまま会話にしたもの。

たとえば、ある朝のこんな会話シーンもそうです。

A「おはようございます」　　↓　ステップ1 声をかける
B「あ、おはようございます」
A「今日も寒いですね」
B「しかも夕方から雨ですって」　↓　ステップ2 話す
A「一応、折り畳み傘は持ちました」
B「それなら大丈夫ですね」
A「では、また」　　↓　ステップ3 別れる

――これで、所要時間は約10秒。

朝の出がけにご近所さんと顔を合わせ、こうしたほんの10秒程度の雑談を交わすだけで、気分がフワッと軽くなりますよね。これが雑談なのです。

図4

雑談力が上がる
10秒雑談・基本ステップ

ステップ1
声をかける

お出かけですか、どちらまで？

↓

ステップ2
話す

中学の同窓会に。20年ぶりなんですよ

↓

ステップ3
別れる

それは楽しみですね。いってらっしゃい

CHECK

この3ステップに会話を当てはめれば、どんな状況下でも雑談は成立する！

7

ステップ1 声をかける――相手の警戒心を解く

雑談の基本型、最初のステップは、雑談をはじめるきっかけとなる「声かけ」です。

エレベーターに乗り合わせる、駅のホームやバス停に居合わせる、電車やバスで相席になるなど、話さなくても問題はないけれど、黙っているのも気づまりを感じるシチュエーションはさまざま。そこでいざ雑談をしようと思っても、最初のひと言が出てこない。何を話せばいいかわからない。さて、どうすればいいのか――。

いちばんベーシックなきっかけは、やはり「あいさつ」です。

「あいさつ」に勝る声かけはありません。

朝の通勤時なら「おはようございます」
日中なら「こんにちは」
初対面なら「初めまして」
同じ会社の人なら「おつかれさまです」
取引先の人なら「お久しぶりです」などなど。

こうした誰でもできる、いや、誰もができて当たり前のあいさつは、雑談のきっかけの基本になります。

また、どんなあいさつをすればいいのか微妙な状況でも大丈夫。そんなときのために、私たちは

「あ、どうも」

という最強のオールマイティ・ワードを持っているではありませんか。

さらに、そこに笑顔と軽い会釈をプラスすればＯＫ。居合わせた相手、ふと目が合った相手に対して、笑顔であいさつ、もしくは「ああ、どうも」と声をかけ、軽く会釈をする。これだけでもう、雑談の下準備はでき上がりなのです。

そして、この声かけには雑談をはじめるきっかけ、雑談の導入だけでなく、もうひとつの重要な意味合いがあります。

いくらなんでも「あ、どうも」は相手に失礼にあたるのでは？

そう思った人は、声に出さないで、次のようにしてみてください。

笑顔で会釈。心の中で「あ、どうも」。

口パクで「あ、どうも」も有効です。

図5

「あいさつ」に勝る声かけはない

＼ たとえばこんなあいさつ ／

朝の通勤時なら →「おはようございます」

日中なら →「こんにちは」

初対面なら →「初めまして」

同じ会社の人なら →「おつかれさまです」

取引先の人なら →「お久しぶりです」

CHECK

「あ、どうも」は、どんなシチュエーションでも使える、最強のオールマイティ・ワード

相手の目をちらっと見て、ニコッとほほえんで会釈をする。

たったこれだけです。

笑顔のあいさつと会釈は、「私はあなたと打ち解けたい」「気軽に話がしたい」という相手へのアピール、もっと言えば**「敵意はありません。警戒しないでください。胸襟を開いて仲良くしたいんです」という意思表示でもある**ということ。

たとえるならば、犬や猫が気を許した相手にお腹を見せるようなもの。ワンちゃんでも無防備にお腹を見せてクンクン言われると、「やあ、かわいいね」となりますが、「ウーッ、ウーッ」と敵意を見せられると、こちらも身構えてしまうでしょう。

口をへの字にしたまま、ないしは口元を動かさない。

これって体が固くなっている状態です。

口パクで「あ、どうも」、ちょっとほほえみを見せる。

これって体がほぐれているサイン。

違いは一目瞭然です。

ワンちゃんも人間も同じで、敵意を見せないまでも、無表情で何もしゃべらない人がすぐそばにいると、気づまりと同時に本能的な警戒心が生まれてしまいます。

だから、こちらから軽い会釈と笑顔で「あ、どうも」と声かけて、敵意のなさや仲良くなりたい気持ちを提示してあげる。

雑談のきっかけとしての声かけは、相手の警戒心を解くという非常に重要な役割を担っているのです。

8

ステップ2 話す――場の空気をほぐす

あいさつや「どうも」という声かけは雑談をはじめる絶好のきっかけですが、あくまできっかけでしかありません。

残念ながら、**あいさつだけでは雑談にはならないのです**。

そこで雑談の基本型には「話す」という、核となる2番目のステップが必須になってきます。

といっても決して難しいことはありません。ポイントは「あいさつ＋α《プラスアルファ》」。あいさつや「あ、どうも」の後に、もうひとネタ、加えてあげればいいのです。

天気の話でもいい。身近な街ネタでもいい。相手の何かをほめてもいい。近くに見えているものをネタにしてもいい。何でもかまいません。重要なの、あいさつだけで終わらせないということ。

あいさつが、敵意がないとか仲良くなりたいという意思表示ならば、この「＋α」**は実際に場の空気をほぐし、相手との親近感を高め、心の距離を縮め、仲良くなるた**

めの「意思疎通」のステップになります。

あいさつするだけの関係と、あいさつ＋αのちょっとした雑談を交わす関係では、互いに相手に対する感情や意識が大きく違います。

あいさつだけなら「顔見知り、見たことがある人」どまりですが、そこに「＋α」することで、相手にとっての自分の存在が「よく知っている人」「感じのいい人」へとランクアップするのです。先の例なら、

A「おはようございます」
B「あ、おはようございます」

↓**あいさつだけだと、ただの「顔見知り」レベル**

A「おはようございます」
B「あ、おはようございます」
A**「今日も寒いですね」** → **＋α**
B「しかも夕方から雨らしいですよ」 → **さらなる＋α**

A「ええ、だから一応折り畳み傘、持ってます」

B「さすが、用意がいいですね」　↓　**話が広がり、場が和む**

A「でしょ（笑）。じゃあ、また」

↓

「＋α」で話が広がり、「感じのいい人」にランクアップ！

あいさつに「＋α」するだけで、今度は相手からも「さらなる＋α」が戻ってくる。

これがもっともシンプルで、もっともベーシックな雑談になります。

相手との距離がほんの少し近づいた気がする。

こんな感触をお互い手にできるのが、「＋α」の効用なのです。

図6

あいさつ＋αで
相手との距離を縮める

あいさつだけ

顔見知り、見たことがある人レベル

あいさつ＋αを添える

よく知っている人、感じのいい人へとランクアップする

CHECK

「＋α」で話が広がり、相手との距離もグッと縮まり、
意思疎通ができる

9

ステップ3 別れる――「後味のよさ」をつくる

雑談の基本型における最後のステップは、話し終えて「別れる」、つまり雑談を切り上げる（終わらせる）というプロセスです。

たとえば、エレベーターに乗り合わせた顔見知りと、あいさつし、会話をし、気づまりになりがちな密室空間の空気がほぐれて、降りる階に到着したら、

「じゃあ、また」（同じ階で降りるなら）

「いってらっしゃい」（相手が先に降りるなら）

「では、お先に」（自分が先に降りるなら）

と、サクッと切り上げて別れる。

話を切り上げるための理由をくどくどと述べる必要もなく、次の会話の約束も必要ありません。

タイミングが来たら、「じゃあ」と切り上げる。

この終わり方の潔さが、雑談ならではです。

先の例なら、

A「おはようございます」
B「あ、おはようございます」
A「今日も寒いですね」
B「しかも夕方から雨らしいですよ」
A「ええ、だから一応折り畳み傘、持ってます」
B「さすが、用意がいいですね」
A「でしょ（笑）。じゃあ、また」 ← **話が途中でもサクッと切り上げる**

打ち解けたい気持ちを伝え、打ち解けようと行動し、打ち解けたら、最後は気分よく、そして潔く別れるのです。

「じゃあまた」
「ではまた」

この2種類を、相手によって使い分け、ひと言放ったらサッとその場を立ち去る。

「じゃあまた」と別れた後、少しだけ物足りない気持ちになることがあります。お互いに「もう少し話していたかったな」と感じ、そこから「次に会ったときも声をかけよう」とか「また会いたいな」という気持ちになる。

雑談の締めくくりは、次につながる好印象を残すチャンスでもあるのです。

ちなみに、前著『雑談力が上がる話し方』では、この「サクッと終わらせる」という雑談の流儀について、「目からウロコだった」「話すハードルが下がった」「雑談に対する自分の偏見に気づいた」といった具合に、大きな反響がありました。それだけ、多くの人が雑談の本質を理解していなかったのだと思います。

相手との間にある空気をちょっと動かすことで、場をほぐすのが雑談の役割。

であれば、ダラダラと話を続けるのではなく（それはそれで、場の停滞につながることも）、サッと終わらせ、その場を立ち去ることもまた、場を動かし、いい空気をつくることにつながるというわけです。

「会話を終わらせる」ことの重要性に気づいていなかった人は、ぜひこのステップ3の「別れる」までを実践して、雑談の魅力である「後味のよさ」を堪能していただければと思います。

図7

雑談はサクッと切り上げるもの

雑談のベストタイムは30秒

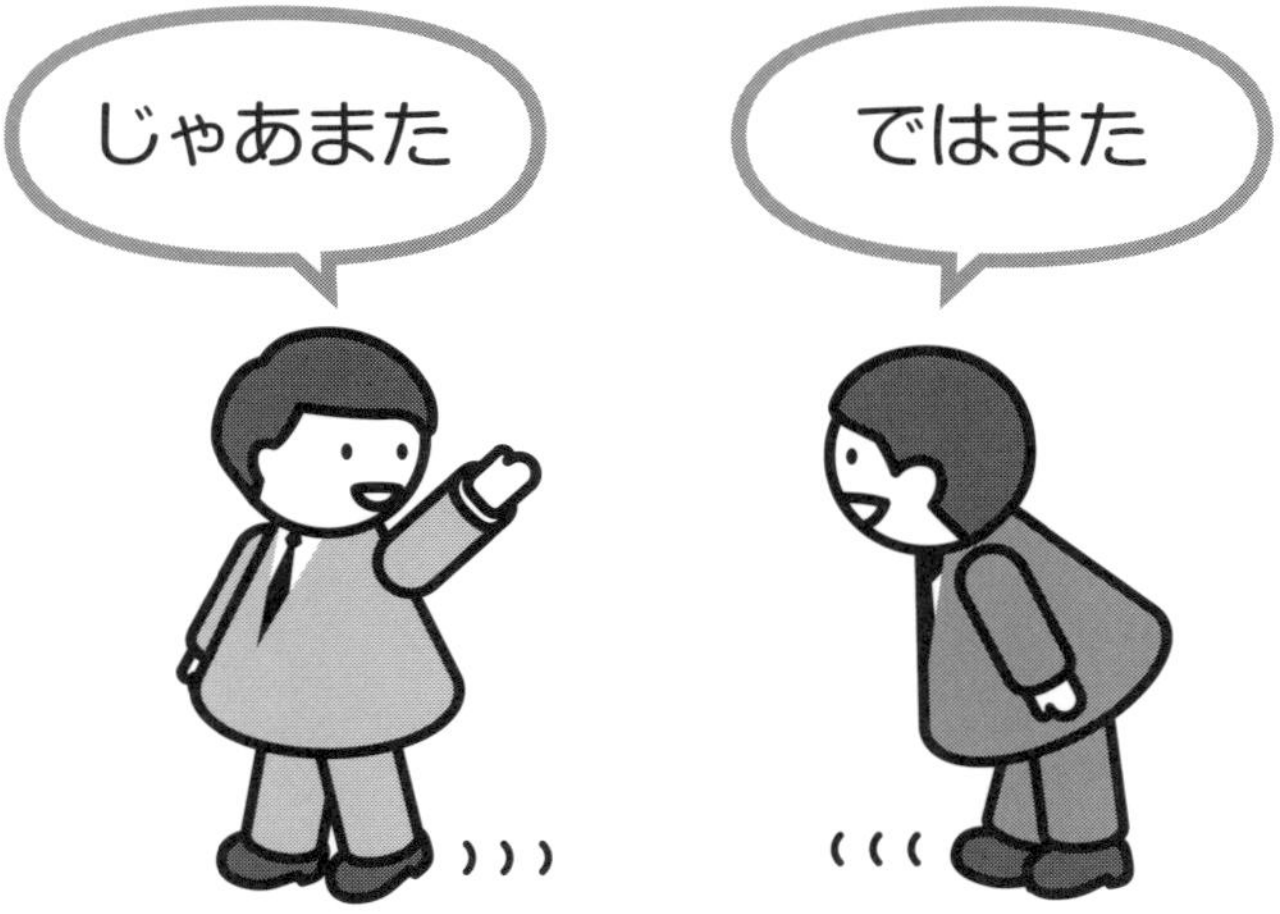

CHECK

タイミングが来たら「じゃあ」と切り上げる。
この終わり方が雑談ならでは

10

雑談はいい加減が良い加減

「雑談が上手にできない」「何を話したらいいかわからない」と悩んでいる人の多くは、雑談の意味を誤解しているように思えます。

これまでずっと言い続けてきていることなのですが、そもそも雑談とはおもしろい話を披露することでもなければ、聞く人をうならせるような巧みなトーク術を駆使することでもありません。

通勤途中のバス停でばったり出会った知人と、バスが来るまでのほんの数分間。

マンションのエレベーターに偶然乗り合わせた顔見知り程度の住人と、1階に着くまでのほんの数秒間。

仕事で訪れた取引先の応接室でテーブルをはさんで座った先方の担当者と、本題の商談に入る前のほんの数分間。

この「ほんの数分間」「ほんの数秒間」の気づまりや気まずさ、微妙な緊張を何気ない会話でほぐし、たわいのない話であたためる。

「言葉を交わす、会話を交わす」という行為そのもので、空気を緩め、お互いの居心地をよくする。それが雑談です。言ってしまえば、雑談においては話題や内容は、「とりとめのないことでいい」のです。いや、**「とりとめのないことがいい」**のです。

作家・司馬遼太郎もある劇作家との対談で「『どちらへ？』『ちょっとそこまで』という〝適当でどうでもいいような〟やりとりがコミュニティの潤滑油として必要」だと話しています。

「儲かりまっか？」「ボチボチでんな」と同じこと。気まずさや気づまりが解消できればいいのですから、「どちらまで」と声をかけられたからと、具体的に行き先を答える必要もありません。また、聞いた側も、そこまできちんとした答えを求めていません。「ちょっとそこまで」がコミュニケーションにおける正解なのです。

適当なやりとりがあるだけで、固まった空気がほぐれて場があたたまります。

雑談は、相手の存在を認め合う行為のようなもの。

言ってみれば「聞いてみただけ」の適当でいい加減なやりとり。実は、これこそが「良い加減」であり、雑談の本質でもあるのです。

11

必ず押さえたい！「雑談力が上がる・3大ルール」

「上司や取引先と仕事の話ならできるけれど、雑談は苦手です」

「用事がないのに、自分から誰かに話しかけるのはちょっと……」

こんなふうに感じている人は、**何気ない会話にもルールがある**ということを知らないだけだと思うのです。ルールさえ押さえれば、もっと気軽に雑談ができるようになります。

私は大学の授業で、学生たちに雑談のやり方を教えています。教えるだけなく、実際にみんなにやってもらっています。新学期は、隣の人に話しかけることができず、ひとり黙って席についていた学生も、たちまち隣の人と友達になってしまいます。

つまり、やり方さえわかれば、誰でもできるようになるのです。

ここからは「雑談力が上がる・3大ルール」について、詳しく紹介しましょう。

図8

必ず押さえたい！
「雑談力が上がる・３大ルール」

＼ ルール１ ／

中身がないことに意味がある

だから誰とでも話せる

＼ ルール２ ／

結論はいらない

「白黒つけない」から傷つけない

＼ ルール３ ／

サクッと切り上げる

「長引かせない」から後を引かない

CHECK

相手との「いい距離感」をつくるためにも、
３つのルールを守ろう！

12

ルール1 中身がないことに意味がある
——だから誰とでも話せる

雑談には中身がなくていい——これは雑談をする上で、もっとも基本となるルールです。

中身のない会話をなぜするのか、したって時間のムダだろうと考える人もいるかもしれません。そもそも「中身のある会話」とはどういうものでしょう。

ビジネスの現場であれば連絡、報告、商談、会議、面談、相談——。自分の側の用件を伝え、相手側の用件を聞く、結論というゴールに向かう、そのために必要なやりとりは正真正銘の中身のある会話といえます。

しかし、用件だけ伝えればいい会話は、その用件さえ済んでしまえば即、終了です。あなたの1日を振り返ってみてください。よくよく考えれば、こうした意味のある会話が私たちの社会生活に占める割合などほんのわずかなもの。**実際には私たちの生活は、9割方が中身のない、意味のない会話＝雑談で占められているのです。**

「中身のない会話に何の意味があるのか」とよく聞かれるのですが、生活のほとんどを占めている以上、私たちは周囲の人々と、ほぼ中身のない会話によってつながっているということ。中身のない会話は生きていく上でのコミュニケーションのデフォルト（標準仕様）として、大きな存在意義を持っているのです。

「お出かけですか、どちらまで？」
「ええ、ちょっと新宿まで買い物に」

「今日も暑くなりそうですね」
「こう毎日だと参っちゃいますね」

「お盆だから、ラッシュでも電車が空いてますね」
「いつもこうだと嬉しいんですけど、そうもいかないか」

「選挙が近いから毎日にぎやかですよね」
「叫んでいるほうも大変でしょうね」

「この踏切は本当に開かないな。急いでる人は大変ですよね」
「まったく。でも今さら高架にするってのもねぇ」

――どれも内容だけ見れば「だからどうした」というレベルの話。正確に伝えなければいけない情報も、しっかり聞いておかなければいけない報告もない。中身など、ほとんどありません。

でもこの会話があるだけで、お互いに心がフワッと軽くなるはず。たわいもない会話を共有したことで、ちょっと相手と打ち解けた気分になるはず。もしかしたら、次に会ったときには、「この間はどうも」と気軽に会話ができるかもしれません。

雑談はそれでいいんです。

実際に「寒い」「暑い」かどうか、本当に電車が混んでいるかどうか、選挙はどうするか、開かずの踏切をどうするべきかなど、ここではどうでもいいこと。

重要なのは、**相手と言葉を交わすことで、同じ場所、同じ時間の空気を共有すること。そして、その場をほんわかと心地よくすること。会話の中身は、あくまでもそのための方便なのです。**

もうひとつ、雑談に中身がないことの大きなメリットとして、「誰にでも通じる」という点があります。

用件や目的のためにする会話は、おのずと相手が限定されます。その用件に関係のある人、その用件を共通のコンテクストとして持っている人とだけしか話せないわけです。

その点「中身がない（＝用件ではない）会話」は相手を選びません。社長だろうが上司だろうが、家族だろうが友人だろうが、ほんの顔見知り程度の人だろうが見ず知らずの人だろうが、まんべんなく、どんな人が相手でも話が通じるのです。

マンションの駐輪場でばったり会った管理人さんに、「わが社の業績低迷」について、何の前触れもなく相談をする人はいないでしょう。でも今日明日の空模様の話なら、管理人さんにも隣の奥さんにも、商談相手の担当者にも通じるはず。それは、誰にとっても中身のない会話だからです。

話す相手を選ばない。いつでも、誰にでも通じる。中身がないからこそ、その会話はものすごく広い守備範囲をカバーできるのです。

仲のいい友達なら、共通の話題で会話がはずむけれど、ほかの人だと話せない。
↓共通の話題がある人としか話せない。

仕事に必要な会話ならばできるけれど、それ以外になると話せない。
↓必要な用件しか話せない。

このように、中身のある話しかできないというのでは、社会とのつながりも狭くなり、社会との関係性も危うくなってしまうでしょう。

いかに中身のない話ができるか。世の中の9割を占める中身のない雑談にこそ、人と人とのコミュニケーションにおける本当に大事なポイントが存在しています。

13

ルール2 結論はいらない――「白黒つけない」から傷つけない

前著『雑談力が上がる話し方』を出版後、さまざまな方面から数多くの反響をいただきました。なかでも驚いたのは「営業活動でのつかみのトークとして『雑談』を学ぶつもりで読んだら、妻との仲がよくなった」「娘との会話がはずむようになった」というような、男性読者の声がすごく多かったことです。

つまりそれだけ、夫婦や家族間での雑談がうまくできない、妻と会話が盛り上がらない男性が大勢いるということです。

仕事のために雑談を身につけようと思ったら、家族との会話がはずむようになった。この現象は、見方を変えると、家族との会話がうまくできなかったことに対して、当の本人は、まったく無自覚だったともいえるでしょう。

ごく身近な人との関係においても、雑談は非常に重要な役割を担っているのです。

夫婦や家族との会話にも、「中身のある会話」と「中身のない会話」があります。

子供の学校行事や家族の予定の確認、「あれ、やっておいて」「これ、お願い」といった連絡事項など、夫婦間や家庭内にも、ビジネス同様に「ホウレンソウ（報告・連絡・相談）」などの用件は存在します。

そしてそれ以外の、ご近所のウワサやPTAでの出来事、テレビやニュースの話題、「あそこのスーパーはこっちより品ぞろえがいい」とか「セールだから洋服を買おうかしら」といった話題は中身のない話＝雑談の範疇《はんちゅう》に入ります。

夫婦の会話に悩む男性の多くは、夫婦間において前者の「中身のある話」はできても、後者の「中身のない」雑談ができていないのです。

なぜできないのか。答えのひとつは「すぐに結論を出そうとする」という男性の会話特性にあります。

女性に比べて男性は、会話の途中ですぐに「つまり～」「それって、こういうことでしょ」と話をまとめようとしたり、「結局のところ、言いたいことは何なの？」と結論を急いだりする傾向があります。

夫婦の会話でも、奥さんの「近所の奥さんからこう言われた」「どこそこのセールが安い」といった何気ない話に対して、ダンナさんは「それはお前のほうが悪い」と早々に決めつけたり、「だったら買えばいいんじゃない？」と話を遮って結論を促したりしがち。その結果、奥さんは「話をちゃんと聞いてくれない」と傷つき、「会話にならない」「わかってくれない」と、不満を募らせてしまうわけです。

奥さんにすれば、そんな断定や結論など求めていません。「そうなんだ」「そりゃひどいね」「男性もののセールはないのかな」と返してほしいだけ。**感情を共有したいだけ**なのです。

中身のない雑談をしたい妻と、落としどころのない会話が苦手な夫。この食い違いが夫婦間の会話、夫婦の雑談が盛り上がらない大きな原因になっているのです。

ステップ2（41ページ）、ステップ3（45ページ）などで出てくる雑談のケースでいうと、「寒くなりそうですね」に対し、「それは違います。北海道・札幌の1月の平均気温はマイナス3・6度ですから、今日の東京は7度で決して寒いとは言い切れません。あなたは間違っています」などと返してしまいがちなのが、男性陣の悪いクセ。

この瞬間に、相手といい関係を築くための「何気ない会話」は、一気に「相手を打ち負かす道具」に変わってしまいます。

知らず知らずのうちに、「相手とのいい関係を築くためのツール」を「相手を完膚なきまでに叩きのめす武器」にしてしまってはいないでしょうか？

本題に戻りましょう。

雑談にもっとも必要のないもの、それはズバリ、「結論」です。

結論を求めだしたら、その時点で雑談は終わってしまいます。

そもそも雑談とは中身のない会話。そこに結論や正解などあるはずもありません。

「このぶんだと、この雨は明日までやみそうにないですね」という話に、「何を根拠にそう言うのか。エビデンスを出せ」とか「つまり、何が言いたいの?」と返されたところで答えようがない。会話のみならず、相手との関係も強制終了です。

雑談の目的は場の空気を和ませ、軽くすること。話に白黒をつけることではありません。**雑談は雑談であって、議論ではないのです。**

話に白黒をつける、結論を出す、正解を求める会話＝議論になると、相手に反論したり、相手を否定したり、ときには傷つけることにもなります。これでは本末転倒もいいところ。場を和ませたいという相手の歩み寄りを拒絶しているとも捉えられかねません。

結論はいらない、白黒をつけない。雑談はもっと肩の力を抜いたユルいものです。

話題にまとまりがなく、一貫性もなく、ある意味「言いっぱなし」の会話で、ワイワイと盛り上がれる「女子トーク」は、そのいい例。

女子トークの特徴は、**感情の共有が最重要視されている**という点です。

「これ、おもしろくない？」「あれ、すごかったよね」「それ、ムカつかない？」――といった感情を披歴し合い、共有し、それにみんなが「だよね～」「わかるわ～」「私だってそう」と共感することで成り立っています。

ときには、「アイドルの◯◯くん、かっこいいよね」に対し、「え～マジで？　私は△△くんのほうがかっこいいと思うけど」と返しても、「信じられない、△△のどこがいいの？　キモい！」「なんで、そっちこそ、ありえない！」などと、互いの意見が一致しなくても、ゲラゲラ笑って盛り上がっていることすらあります。

そう、意見に不一致があっても、「どっちが正解」という結論を出すことなく、「違う意見」そのものを、アイドル話の「共通の話題」として楽しくボールを投げ合っているに過ぎない。まさに、会話のキャッチボールをしているのだから「ありえない」と笑って盛り上がれる。ラリーではなく、会話のキャッチボールなのです。

最初から無理に話をまとめようとしない、誰もが結論など求めていないから、女子トークは、落としどころも結論もないまま、それでも無限に広がっていくのです。

雑談に結論を求めるべからず。**会話は打ち合いでも殺し合いでもない**。

とくに世の男性諸氏には知っていただきたい、雑談の基本ルールです。

では、雑談のつもりで話しかけたのに、相手がラリーを仕掛けてきたらどう対応すればいいでしょうか。59ページの「寒くなりそうですね」の例でいえば、こんな感じです。

「へえ、札幌の1月の平均気温はマイナス3・6度なんですか！　マイナス3・6度だったら、外で立ち話をすると、息が白くてお互いの顔が見えないかもしれませんねえ～」

「そうなんですか！　じゃあもし札幌が東京と同じく7度だったら、『今日は暖かいですねえ』という会話が繰り広げられていそうですね。そう思うと気持ちも暖かくなりますね～」

などとサラッと返して、**「いいことを教えていただきました、ありがとうございます。ではまた！」と笑顔で立ち去ればいいのです。**

さわやかな風が吹けば、そこでラリーは再びキャッチボールに。後味のよい会話となって互いの心によい印象が残ります。雑談においては、この風を吹かせたほうが「一本」とって勝負ありなのです。

14

ルール3 サクッと切り上げる ――「長引かせない」から後を引かない

何事も大事なのは「引き際」。雑談も同じです。

話し始めたはいいけれど、話を切り上げられず、いつまでもズルズルと終われない。これもまた、雑談が苦手という人が陥りやすいケースでしょう。

雑談はあくまで「ほんの少しの時間」を心地よく埋めるためのもので、「場の空気づくり」が目的。そこで長々と話し込んでしまうと、場が和むどころか、かえってお互いに気疲れしてしまうことも。ですから長引かせずにサクッと切り上げる。これも重要な雑談のルールであり、流儀です。

パッと出会って、心地よく話して、サクッと切り上げる。**潔い終わり方も場の空気づくりには欠かせません。**立つ鳥跡を濁さず。後味のさわやかさが心地よい余韻となって残り、相手に好印象を与えることもあるのです。

長々と話し込む談義より、顔を合わせるたびにサクッと交わす雑談。

話す時間より小刻みでも話す回数が多いほうが、親近感も生まれやすくなります。

雑談は質より量なのです。


とはいえ、話の切り上げ方に頭を悩ませる人も多いでしょう。ですが、難しいことはありません。話の途中であっても「それでは」「じゃあまた」とひと言で切り上げればいいのです。

ビジネスシーンでも同じこと。雑談はあくまで場の空気をほぐし、軽くするための手段。たとえば、ビジネスの現場で商談前に雑談がはずむのは結構なことなのですが、雑談ばかりに時間をとられて肝心の商談に入れないというのでは本末転倒になってしまいます。


場の空気がほぐれ、相手との親近感が高まったら、

「雑談はさておき～」

「まあ、雑談はこのくらいにして～」

「では、そろそろ仕事モードに切り替えて～」

などと、雑談をサクッと切り上げて本題に入りましょう。

あくまで後の商談のための地ならし――それがビジネスシーンにおける雑談の本来の役割なのですから。

話が途中でもサクッと切り上げるのが雑談のルールです。

いつ「じゃあまた」と終わらせても大丈夫。

終わらせていい。むしろ、終わらせることが大事。

これさえわかっていれば、もっと気楽に、もっと積極的に雑談をはじめられるはずです。

第2章　しゃべらず盛り上げる雑談力

——相手に気持ちよく「話させる」リアクション雑談

15

トーク術を磨く必要はない

くり返しますが、雑談は話術やトーク術ではありません。

「話し上手」と「雑談上手」はまったくの別物です。

とはいえ、「そんなことを言われても」と割り切れない人が多いのも事実でしょう。

ならばここで、見方を大きく変えてみましょう。

雑談が苦手という人の多くは、「雑談をする＝自分が相手に何かを話さなければいけない」という発想を持っているように思えます。

しかしそれは間違い。

雑談とは場の空気を和ませ、自分を含めて居合わせた人たちの居心地をよくさせることです。

ちょっとおさらいしましょう。

雑談の基本は、次の3ステップと説明しました。

ステップ1 声をかける → ステップ2 話す → ステップ3 別れる

雑談における会話は、ステップ2の「話す」に該当します。

そう、「話す」は、雑談の一部に過ぎません。

重要なのは、雑談という手段を使って、張り詰めた場の空気を動かすこと。

1人でペラペラ話すのではなく、誰かと誰かの「会話」に発展させ、会話のキャッチボールを行うことであって、誰がその会話を支配するかはどうでもいいことです。

きっかけとなる「声かけ」は自分がするにしても、その先の「＋α」については、必ずしも自分が担当しなくてもかまわないのです。


会話のきっかけだけ与えて、その後の展開は相手に受け持ってもらう。

自分は聞き役に徹し、相手に気持ちよく話してもらう。

自分は話さずして雑談する。これもまたひとつの雑談のスタイルです。


人はみな「自分の話を聞いてくれる人」に対して好感を抱き、好印象を持つもの。

そう考えれば、雑談というのはむしろ、自分が話すより相手に話させる、相手に話の主導権を握らせるくらいのほうが盛り上がるのです。

このスタイルなら話をするのは自分ではなく相手。自分が話し上手である必要はありません。相手の話を引き出すコツ、**相手に気持ちよく話させる方法さえつかめば、誰でも雑談上手になれます。**

前著『雑談力が上がる話し方』では、「雑談のベストバランスは、相手8対自分2」と説明しました。この章で紹介する方法を使えば、「相手8対自分2」に自然と持っていけるはずです。

ズバリ、話さずできる雑談、いわばリアクション雑談です。

口下手の人でも、すぐにできることばかりです。

iphoneなどに内蔵されている音声アシスタント機能のSiri《シリ》は、質問をすると答えてくれますが、現時点では、こちらが笑顔で目配せしても反応しません。言葉を発して言葉を返すのは機械でもできますが、相手の様子を見ながら反応することでコミュニケーションをとるのは、人間ならではといえるでしょう。

話さずできる雑談は、**やり方は簡単だけれど、実は高度なコミュニケーションスキルなのです。**

さっそくご紹介しましょう。

図9

「話す」ことは、雑談の一部に過ぎない

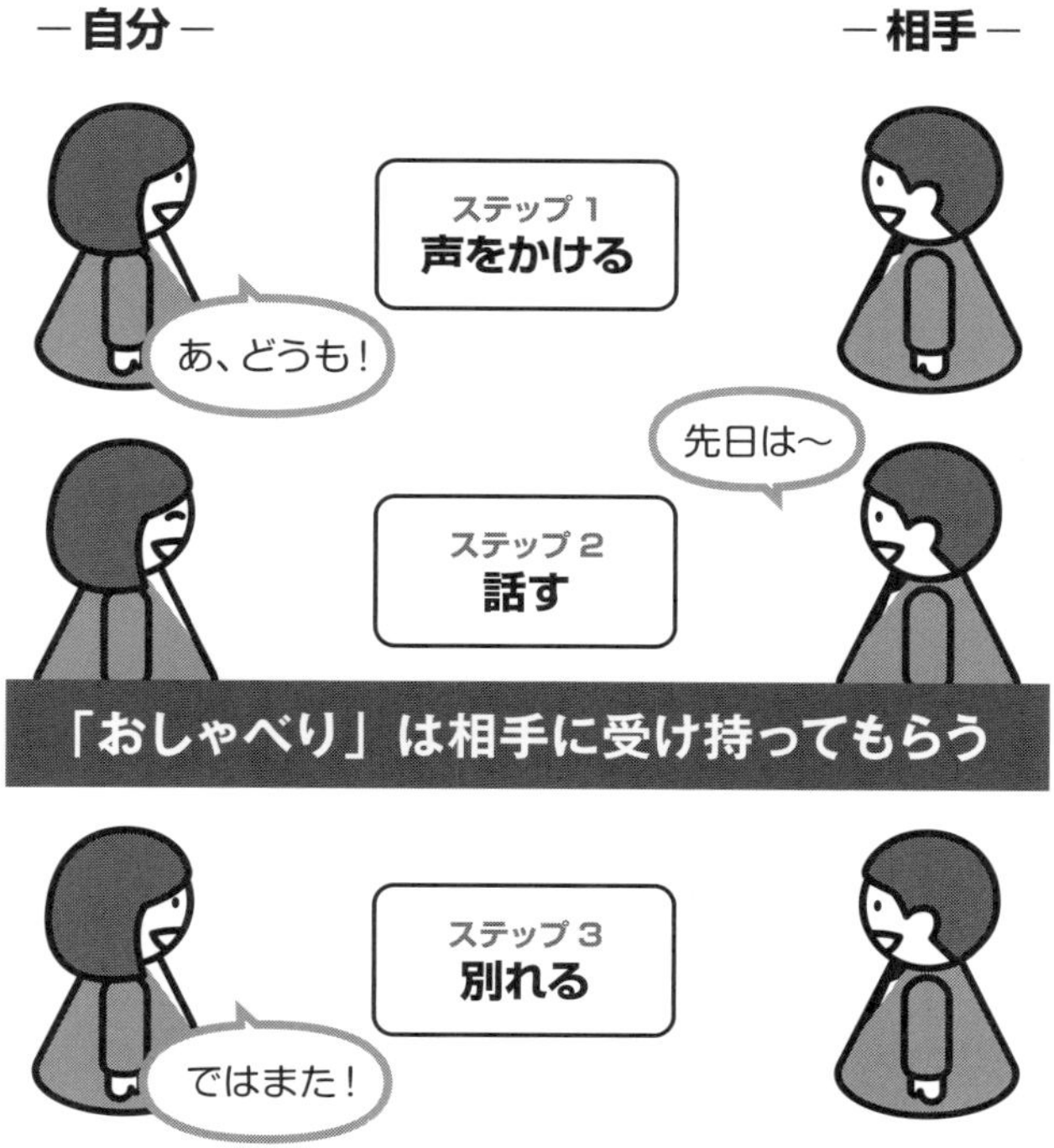

CHECK

口下手な人こそ、「話さずできる雑談」を身につけよう！

16

「話させ上手」最大の武器はリアクション

こちらの話を聞いているのか、聞こえているのか、はっきりしない。
何を言っても無表情のノーリアクション。
こちらの話が通じているのか、通じていないのか、わかりません。
会話をしていて気づまりを感じるのは、こういうときではないでしょうか。

何の反応もない相手と話すことほど、つまらないものはありません。
つまらないどころか苦痛さえ覚えます。

話をおもしろいと思っているのか、つまらないと思っているのか、自分の意見があるのかないのか、何もわからない。たとえるなら「壁に向かって話をする」ような状況。そこで生まれる話し甲斐のなさや話しにくさ、不安や虚しさ、孤立感といったネガティブ感情は想像以上に大きいものです。

社会生活における人間関係やコミュニケーションで何より大事なのは、相手のアプローチに「反応する」こと。何を話しても、何を聞いても「えぇ」「まぁ」「はぁ」では、たとえ悪気はなくても、話の出鼻をくじき、相手のリズムを崩し、話す気持ちを削いでしまいます。これでは会話は進みません。

たとえば夫婦の会話で起こりがちな問題。

夫が話を聞いてくれない、何を話しても興味なさそうでつまらない、生返事ばかり。こんなふうに、奥さま方の不満はいつの時代も変わりません。その理由のひとつが「すぐに結論を求めたがる」という男性の会話特性にあることは前述しましたが、それに加えてもうひとつ、ダンナさんの**「無反応」**も奥さんの不満の原因になっています。

「今日、ＰＴＡの集まりでね～」

「ふーん……」

「今日の夕飯、何が食べたい？」

「何でもいい」

「今朝、お義母さんから電話があったわよ」
「あ、そう……」

話題を共有したい奥さんの出鼻をくじき、会話意欲を削ぐ。生返事という無反応が、夫婦間の会話を強制終了させているわけです。

「ちょっと聞いているの？」
「(聞いていないのなら）……だったら、もういい！」

こうした日々の小さな不満の声が、積もり積もると熟年離婚のカードとして切れたりするわけです。

会話における反応、リアクションは「ちゃんと聞いていますよ」という意思表示。相手の話にきちんと応対し、相手の言葉にリアクションする。

会話に限らず、**すべてのコミュニケーションは、お互いが相手に反応することから始まるのです。**

きっかけつくって、あとは相手に気持ちよく話してもらう——この雑談スタイルにも、「反応」「リアクション」は不可欠なファクターになります。

会話術の本などには、話し下手な人へのアドバイスとして「聞き上手になりましょう」などと書かれています。もちろんそれも正しいのですが、**ただ聞いているだけではコミュニケーションはまだ一方通行のまま**。そこに「反応」がプラスされることで、双方向のコミュニケーションになるのです。

相手が話す↓反応する＝雑談の成立

「打てば響く」という言葉がありますが、こちらの話に小気味よく反応し、リアクションしてくれる相手との会話は気持ちのいいもの。たとえ5秒の雑談でも、打って響いてテンポよく、息の合ったやりとりができると場の空気も一気にほぐれるのです。

聞き上手から「話させ上手」へ。反応とリアクションが、「自分は話さずして、場を盛り上げる雑談」の大きなカギを握っています。

図10

すべての会話は相手に反応することから始まる

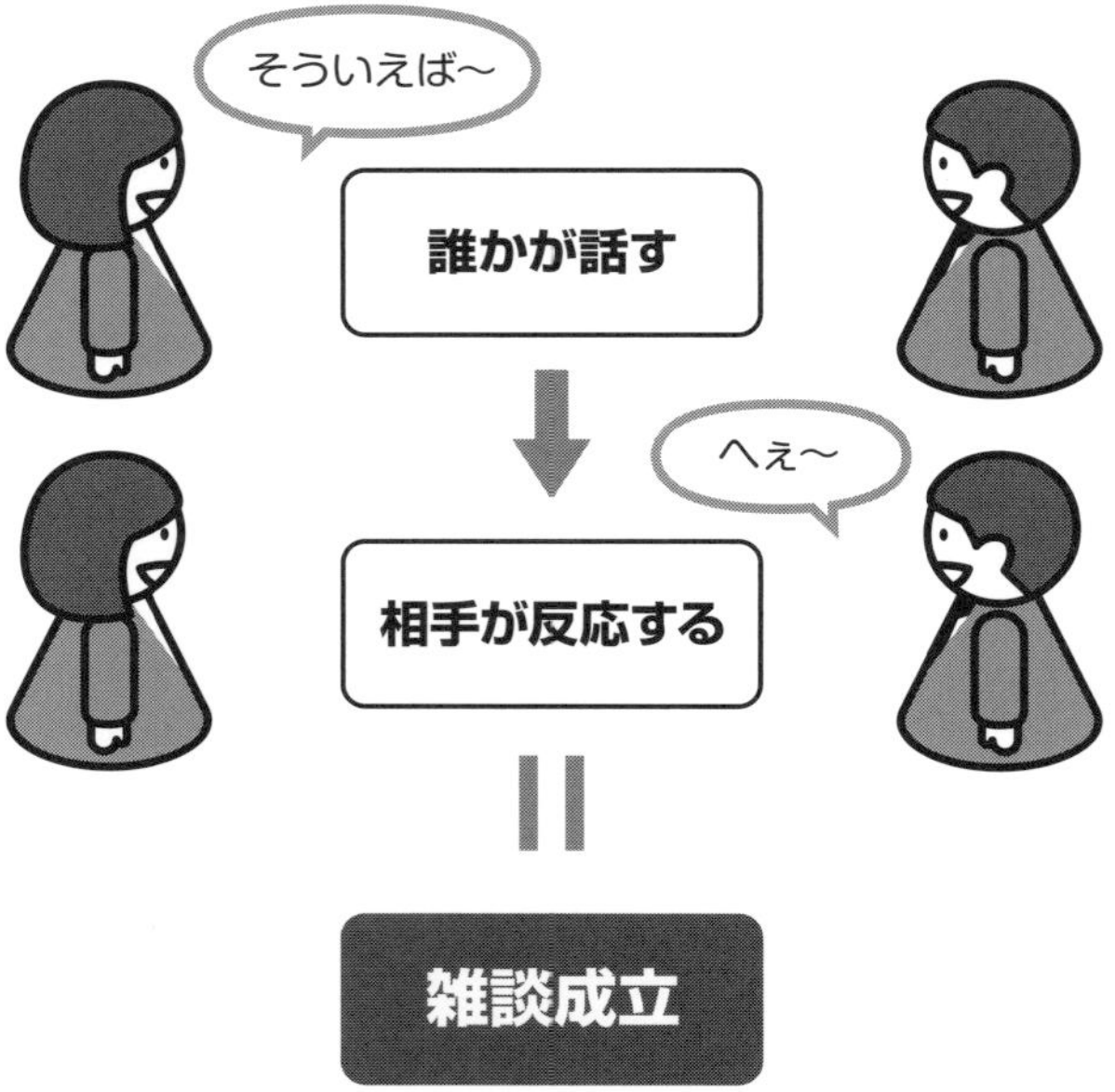

CHECK

「反応」することで、聞き上手から「話させ上手」へとバージョンアップ！

17

会話のノーリアクションは、「既読スルー」と同じ

仕事柄、若い人たちと交流する機会が多いのですが、感じるのは、今の若者たちは年配の世代が思うよりもずっと、真面目で人柄のいい人が多いということ。

自己顕示欲の強すぎる人も少ないし、コンプレックスの塊のような若者もそれほど多くない。大多数の若者はおとなしめで真面目、人間性という意味ではバランスが取れているのです。「今どきの若いヤツは――」とカテゴライズされるような若者はひと握りで、むしろ頑固で自己中心的でマナーもなっていない困った人は、若者よりも高齢者に多く見られるといってもいいかもしれません。

そんな若者たちの最大のウィークポイントは、人間性が云々、マナーが云々ということではなく、**「反応の薄さ」にある**と私は考えています。

だから年配の人たちに「最近の若者は何を考えてるのかわからない」「人の話を聞こうとしない」「返事もできない」といった印象を与え、ひいては「若者のコミュニケーション能力が低下している」「若者はコミュニケーションをとろうとしない」な

ど思われてしまうのです。**実にもったいない**話です。

また反応の薄さ、反応のなさは、コミュニケーションの拒絶という非礼さ、相手を無視するような冷淡さ、腹の中が見えない不審さにもつながります。それが高じると、たとえ本人にその気はなくても「失礼なヤツ」「冷たいヤツ」「不気味なヤツ」と受け取られてしまう恐れもあるでしょう。

とはいえ若い人たちも、コミュニケーション自体が苦手なわけではありません。

今の若者たちの付き合いは淡交（淡い交わり）が主流で、顔を合わせたリアルな世界では比較的あっさりしたコミュニケーションを好みがちですが、これがネットやSNSの世界となると状況は一変します。

LINEでは、メッセージを読んだのにすぐに返信（リアクション）しない「既読スルー」はご法度ですし、Twitter やフェイスブック、Instagram でも、投稿に対する反応である「いいね！」の数に気を揉む人が少なくありません。そこではむしろ反応のよさ、リアクションの速さが重視され、それが若者のコミュニケーションを支えています。

ただ、**リアルなコミュニケーションにおけるリアルな反応が苦手なのです。**

図11

会話の「無反応」は「既読スルー」と同じ

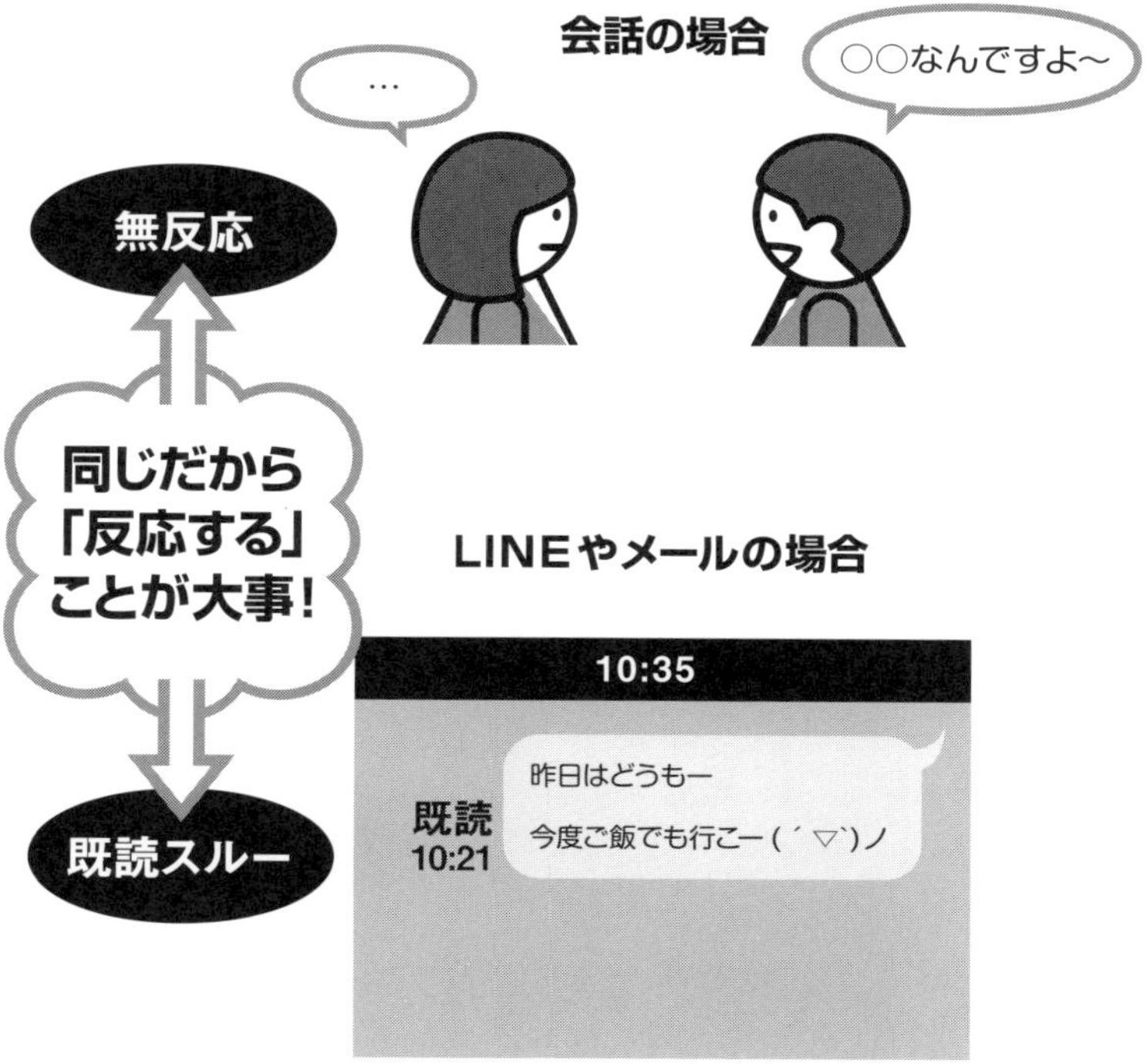

CHECK

LINEやSNSと同じく、リアルな雑談で「反応力」を身につけよう！

スマホを使った会話なら打てば響くコミュニケーションができるのですが、実際に会って話すと、途端に打ってもなかなか響かなくなる。世代間におけるコミュニケーションのギャップやわだかまりも、実は若者のリアルなコミュニケーションにおける反応の薄さゆえの「誤解」が大きく影響しているのです。

誰かが話しかけてくれたときに、ついうっかり、悪気なく、悪意なく、無反応の「既読スルー」をやってしまったことはないでしょうか。

「そういえば……」と、ハッとした人は、もう大丈夫。

「これからは会話の『既読スルー』に気をつけよう」と意識するだけで、相手に対する反応力はグッとよくなります。

では具体的にどう反応すればいいか。

次の項から説明していきたいと思います。

18

「相づち」と「合いの手」だけでも雑談は成立する

雑談における反応・リアクションの王道といえば、やはり「相づち」でしょう。

相づちとは相手の話に調子を合わせて受け応えするために発する言葉のこと。相づちの「つち」は「槌」という字。鍛冶《かじ》職人が刀を鍛える際、師匠と弟子が呼吸を合わせて交互に槌を振るったことに由来しています。

相づちは、「あなたの話をちゃんと聞いていますよ」「あなたの話に同意していますよ」という意思表示のためのリアクション。

相手の話の内容に合わせて、相づちを打つことで「この人は関心を持って聞いてくれている」という安心感を与え、より気持ちよく話せるようになる。

相づちは「話させ上手の基本スキル」といっていいでしょう。

相づちは、その短いひと言でさまざまな感情を伝えることができます。

たとえば、次のようなものが挙げられます。

「なるほど」「確かにそうですよね」↓**同意**
「すごくわかります」「ですよねぇ」↓**共感**
「え〜、信じられない」「マジですか」↓**驚き**
「すごい、すごい」「さすがですね」↓**称賛**
「で、どうなりました?」「それから?」↓**促し**

重要なのは否定をしないことと、ネガティブな言葉を使わないこと。あくまでも気持ちよく話してもらうことがポイントです（ちなみに女子の「ありえない」「ないない！」は、親しい友人の間であれば「否定」というより「驚き」の反応に近いでしょう）。

こちらの相づちが「もっと聞きたい」「続きを話してほしい」というメッセージとなって伝わることで、相手に「この人は真剣に聞いてくれる人＝気持ちよく話せる人＝好感を持てる人」という印象が芽生え、より気持ちよく話すことができるのです。

相づちには、「もっと聞きたい」という促し以上に大事な意味があります。

それは、相手に対し「話してOKですよ」という、許可を与える行為でもあるということです。

今自分が話してもいいのだろうか。迷惑じゃないだろうか。

こんなふうに気をつかってしまっては、言葉を発することもできません。

しかし、あなたが「へえ」とか「で、どうなったんですか？」と反応を示すことで、**相手は安心して話をくり出すことができます。**

ちなみに、「相づち」と「合いの手」の反対は何でしょうか。

それは、**相手の話に自分の話をかぶせること**です。

口下手な人よりおしゃべり好きな人のほうが、実は雑談が苦手だったりする理由は、ここにあります。

「昨日動物園に行ってきて～」という相手の話に、「私も～！　水族館に行ったよ。そこでね～」などと、一見相手の話に同意した風を装って自分の話に持っていく人。

これこそ我田引水のNG行為。相手の話をせき止め、自分の話をしている。これでは会話のキャッチボールは成立しません。それどころか、話し方によっては「相手の話を拒否している」態度にさえ見えてしまいます。

「私も～」「僕も～」「俺も～」と、相手が話そうとしているのに、ついうっかり自分の話をしてしまわないよう、まずは、相づちと合いの手で、ひと呼吸入れる。これが、何気ない話で相手といい関係を築くコツなのです。

相づちには、もうひとつ「会話の潤滑油」としての役割があります。

私がよく使うたとえが餅つき。上手な相づちとは、杵《きね》でつく人のリズムやテンポに合わせて巧みに手水をして餅を返す作業のようなものです。このコンビネーションがズレてしまうと、上手につけないどころかケガをしてしまうこと。

「よいしょ――はい」「よいしょ――あらよ」とリズミカルに餅つきをするように、相手の呼吸や話すテンポに合わせて「へえ」「なるほど」と相づちを打つことで、「話す相手」と「聞く自分」の両者に一体感が生まれ、場の空気がほぐれて、相手はより話しやすくなるのです。

ただ、『はい』は1回でいい」と言われるように、相づちもやり過ぎは禁物。

度が過ぎるとわざとらしく聞こえ、バカにされていると思われる恐れもあります。

過ぎたるはなお及ばざるがごとし。打ち過ぎには注意が必要です。

図12

「相づち」と「合いの手」だけでOK

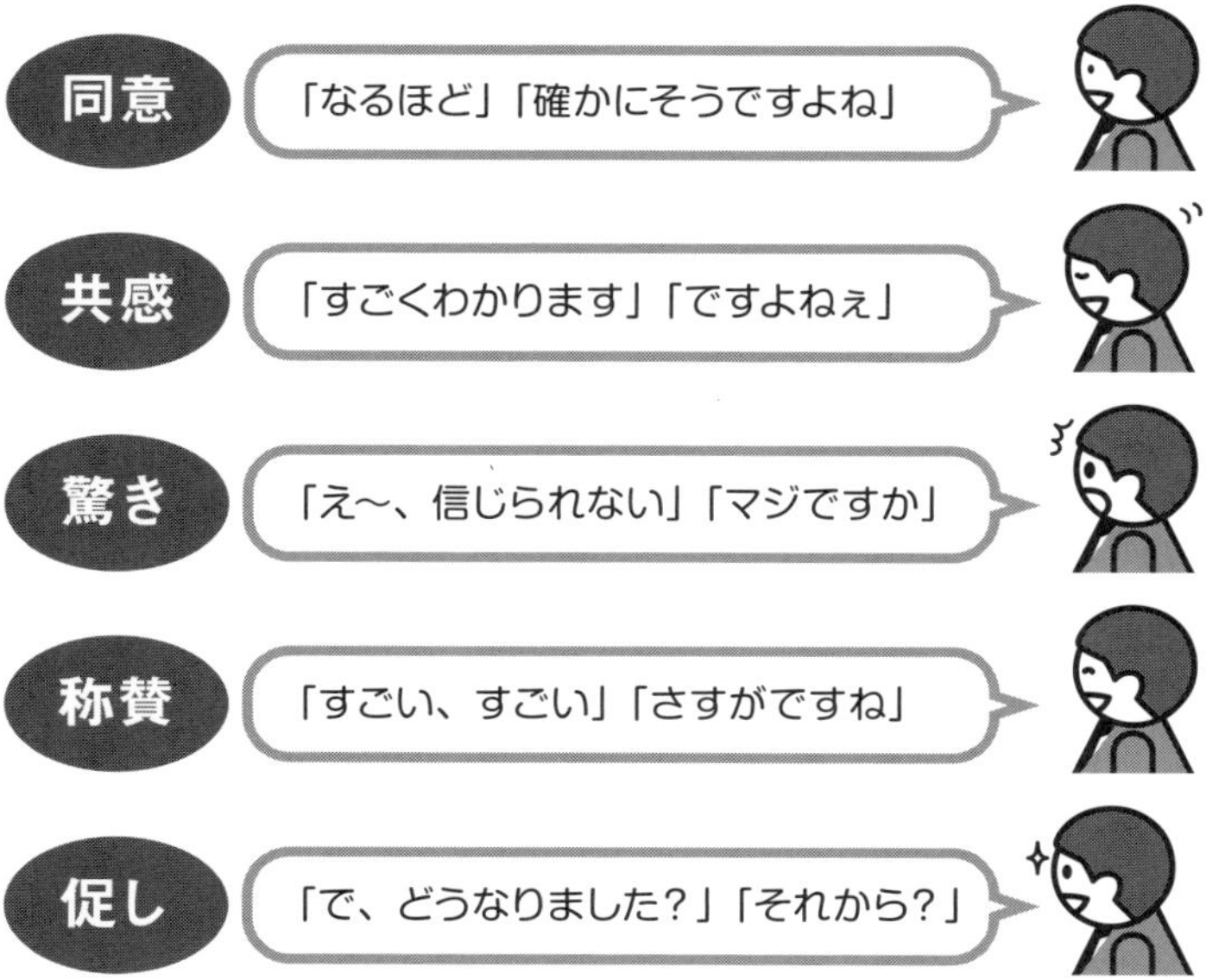
同意
「なるほど」「確かにそうですよね」
共感
「すごくわかります」「ですよねぇ」
驚き
「え〜、信じられない」「マジですか」
称賛
「すごい、すごい」「さすがですね」
促し
「で、どうなりました？」「それから？」

注意事項：否定をしない、ネガティブな言葉を使わない

CHECK

相づちは、「話してOKですよ」と
相手に許可を与える行為でもある

林家ペーさんとパー子さんがいるからおもしろい

笑う門には福来《きた》る。笑いの絶えない時間、笑顔があふれる空間は、それだけで人々の心を癒やし、リラックスさせてくれます。

雑談にしても同じこと。雑談が場の空気をほぐし、気づまりをなくすための手段である以上、「笑い」のエッセンスは非常に重要になってきます。

ところが老若男女問わず日本人全体がいまだに不得手としているのが、ユーモアにあふれた会話、ウィットやエスプリの効いた雑談。日本のコミュニケーションが、欧米に比べて大きく後れをとっているのが、まさしくこの「笑い」の分野なのです。

とはいっても、日常の雑談では『人志松本のすべらない話』（フジテレビ系）でのエピソードトークのように爆笑を生む話をする必要も、「ウケる話をしなきゃ」と悩む必要もなし。**「オチはいらない」のが雑談のルールであることに、変わりはありません。**

雑談に求められている笑いは、それ用に仕込んだ笑い（ネタやギャグ、お笑い芸）ではなく、やりとりの中で当意即妙ににじませる笑い（ユーモア）なのです。

そしてこればかりは国民性や文化の違いもあって、すぐに身につけようとしてもなかなか難しいでしょう。

でも安心してください。機知に富んだ笑いを提供するセンスはすぐに身につかなくても、雑談に笑いを交えることはできます。さて、どうするか。

相手を笑わせるのではなく、こちらが笑えばいいのです。

至極簡単でしょう。

相手の話に笑顔で反応する、相手がジョークやユーモアを仕掛けてきたら笑いでリアクションする。それならできるでしょう。

雑談はおもしろい話のトークショーではありません。大事なのは、どうやって笑わせるか、何を話して笑わせるかではなく、相手と笑いを共有すること。そのことで場を和ませることなのです。

林家ペーさんが連発するダジャレや小噺《こばなし》が、出来はまあまあでも妙におもしろく感じるのは、直後のパー子さんの甲高い「笑い声」によるところが大きいのではないでしょうか。

パー子さんの「笑い」に包まれることで、微妙な小噺であっても見ている側は思わず笑ってしまう。ネタがおもしろいというより、パー子さんにつられて笑いの共有が起きているのです。これも笑うリアクションの効用のひとつと言えるでしょう。

相手を笑わせるのは難しくても、自分で「笑う」ことは、そう難しくはありません。話がおもしろければ、ゲラゲラ笑えばいい。人は「自分の話がウケた」と感じると気分がよくなり、さらに上手に話ができた「ような気になる」ものです。

笑いは、相手の話が本当におもしろいかどうかは関係なく使えるツールです。ニコニコ笑うだけでも効果絶大、「あなたの話を聞いているのが楽しい」というサインになります。このサインを不愉快に感じる人はいないでしょう。

それほどおもしろくなくても、笑顔でニコニコと受ければいい。

お父さんや上司がくり出した渾身のオヤジギャグがウケずに、寒い空気になりそうだったら、クスリと笑う。それだけで「あ、すべっちゃいましたね」と言わんばかりの、小さなツッコミになります。

声を出さずに笑うだけで、相手と会話ができてしまうのです。

図13

ニコニコ笑うだけで会話ははずむ

笑顔は
「あなたの話を聞いているのが楽しい」
というサイン

CHECK

話がおもしろいかどうかは関係ない。
笑うだけで相手と会話ができてしまう

20

関ジャニ∞・村上信五さんに学ぶ「心の声をすぐに言葉にする力」

心の声をすぐ言葉にするというのも、雑談をスムーズにするリアクションのひとつ。


「え、マジですか?」

「うわ、大きい!」

「それ、何ですか?」

「腹立つなぁ、それ」

「その人、すごいな」


相手の話を聞いて感じたことを、即座に言葉にして反応する。いわゆる「ツッコミ」というリアクションですが、単なる相づちに感情がプラスされることで、より「自分の話が伝わっている」という印象が強くなります。

小学校で、先生が「今日も宿題を出します」と言うと、「ええっ、またぁ！」「いやだぁ！」などとすぐに反応して言ってくる子供がいます。

そういうリアクションがあると、先生も、

「毎日少しずつやるほうがちゃんと覚えられるんだよ」

「そんなこと言うと、今日だけじゃなくて明日も出しちゃおうかな～」

「先生も小学生の頃は毎日宿題をやったんだよ」

などと話が続けやすくなるでしょう。

子供たちの素直なリアクションが教室全体をあたため、話しやすい空間にしているのです。

テレビを見ていて「心の中の声を、すぐに、自然に言葉にできるリアクション」のセンスを感じるのが、関ジャニ∞の村上信五さん。

たとえば、『月曜から夜ふかし』（日本テレビ系）の検証ＶＴＲへのコメントでも、ＭＣのマツコ・デラックスさんとのスタジオトークでも、

「ええ、○○って今そんなふうになってんの？」
「○○の定義ってなんやねん！」
「派手な服着てるな～」
「そんなんしたらあかんって」
「何でそんなん言うの？　意味わかれへん」

素直にストレートに、しかも視聴者の心の声を代弁するかのごとく、さりげなくスッと心の声を口にできる。そのツッコミというリアクションがきっかけになって、マツコさんとのトークがさらに盛り上がる。そんなシーンがよく見られます。

村上さんのリアクションが秀逸なのは、その**「心の声」が、社会性とバランス感覚にあふれているということ**。

ただのウケ狙いから生まれる、ひとりよがりで突拍子もないツッコミでは、場をシラケさせる「空気が読めないヤツ」になりかねません。

考えもなしに否定や軽侮のツッコミをすれば、相手を不快にさせたり傷つけたりして「自己中心的なヤツ」と思われる恐れもあるでしょう。

その点、村上さんは「世間の心の声の代弁」になっているところがポイント。社会常識があり、持ち前のキャラクターの力もあって、人を傷つけない優しさがあります。

だから目の前にあるものに対して、常識やバランス、優しさを兼ね備えた「ちょうどいい」リアクションが瞬時にできる。しかもそれを笑いに変えられるのです。

話している相手を否定せず、不快にさせずに、自分の心の声を言葉にする。そのためには何よりも、「笑顔を意識する」ことが重要です。村上さんもツッコんだり、リアクションをするときはいつも笑顔。

どんなに好意的なツッコミやリアクションでも真顔や仏頂面で言ってしまうと、それだけで相手を怒らせたり、会話に波風が立つ原因になります。否定や嘲笑ではなく、あくまでも「相づちとしてのツッコミ」だと意思表示するように、笑顔で話す。

村上さんに学ぶべきは、思うままに感情を言葉にする力だけでなく、その言葉を活かす表情、感じのいい笑顔でもあるのです。

「それはやったらアカン！」

笑顔でこう言われれば、相手は全否定されたとは思いません。

リアクションは、常に表情や言い方とセットであることをお忘れなく。

21

言葉より体で雑談する

SNSでは縦横無尽に駆使できるコミュニケーション力を、目の前の人に対しては発揮できない。スマホでは素早く返信したりと会話ができるのに、実際に相対すると話がはずまない――。その原因は「体が反応しない」ことにあると、私は考えています。

SNSは相手の顔を見なくても液晶画面上の文字入力だけでやりとりできます。しかし、面と向かっての雑談では、交わされるのは言葉だけではありません。SNSと大きく違うのは、そこにお互いの身振り手振りや表情、声のトーンといった体的な要素が必ず介在してくるという点です。

目の前の人と交わす雑談は、口先だけでするものではありません。そこでは言葉以上に「体」の反応が重要になります。

雑談が苦手という人、とくに若い人たちに多く見られるのは、体と会話が分離しているという傾向です。会話に体が反応していない。おしゃべりはしていても、体や表情が動いていない。そうした「体のリアクションの薄さ」が、雑談をギクシャクしたものにする大きな原因になっているのです。

驚いたら目を見張り、納得したらうなずき、おかしいと手を叩いて笑い、はずかしいと手で顔を覆う――**本来、会話と体は密接につながっています。**

実際に試してみればよくわかりますが、気をつけの姿勢で表情も緩めず、微動だにしないまま「さあ、楽しい話をしろ」と言われても、これはなかなかに難しいもの。体がカチコチに固まっていては、心も言葉もほぐれず会話もはずみません。雑談が苦手という人は、自らこの状態をつくり出してしまっているようなものなのです。

逆に言えば、体のリアクションさえできていれば、こちらが多くを話さずとも場の空気は和み、相手は気持ちよく話し続け、雑談は自然に盛り上がっていくもの。

雑談の基本は言葉より、「反応する体」にあると言っても過言ではないでしょう。

2016年にMLBのシカゴ・カブスで活躍した野球選手・川崎宗則さんも、そうした「反応する体」の持ち主です。メジャー移籍当初の川崎選手は、英語が得意ではありませんでした。試合後のインタビューでも受け答えがとんちんかんちんで、インタビュアーとの会話が成立していないこともしばしば。

しかし彼はカタコトの英語を、独特のパフォーマンスという「体の反応」で補うことで一気にファンの心をつかみ、あっという間にアメリカじゅうの人気者になりました。

言葉は違えども、体の反応は世界共通。体の反応がいい人は、たとえ言葉が通じない海外に行っても、難なくコミュニケーションが取れるでしょう。

反応する体、打てば響く体。レスポンスのいい体。

スポーツと同様に、雑談のベースもコミュニケーションのベースも、体の反応にあります。

「スマホでは饒舌でも、リアルに対面すると話せない」と悩む人の多くは、体が冷えてカチカチに固まっています。言葉でのやりとりをする以前に、ベースである体が温まっていない。雑談する体になっていないのです。

22

話させ上手になる5つのボディ・リアクション

「好き」とか「嫌い」とか「どちらでもない」といったメッセージを発する際、相手との意思疎通に影響を与える要素としてもっとも大きいのは視覚情報、たとえば体の反応（＝身振り手振り、姿勢や表情など）だそうです。

その影響度合いは全体の55％、次いで声のトーンや話し方などの聴覚情報が38％、話している言葉そのもの（言語情報）は7％に過ぎない——これが「メラビアンの法則」といわれるものです。好きな相手に「嫌い」と言っても、本心はしっかり伝わっている。少女マンガの1シーンのような話です。

体は口ほどにものを言うということ。

雑談も同じです。

あれこれ話さなくても、相手の話に、体で小気味よく反応するだけで、雑談はより盛り上がっていくのです。

では、相手に気持ちよく話をさせるためのボディ・リアクションとはどういうものでしょうか。基本は次の5つです。

1 ほほえむ
2 うなずく
3 乗り出す
4 のけぞる
5 手を打つ

「そんなの、いつもやっているけど」という人もいるでしょう。それほど当たり前でシンプルな動きですが、実際の会話では、想像以上にできていないもの。自分で思っている以上に、体は動いていないことが多いのです。

とくに日本人は、ボディ・リアクションが地味になりがちな傾向があります。外国人（欧米人に限らず、インドや中国、韓国などアジアの人々も）はみな、会話での身振り手振りが派手で大げさに見えますが、日本人もそれを見習ったほうがいい。「ちょっと大げさかな」と思うくらいの動きでちょうどいいのです。

図14

誰でもできる「リアクション雑談」

相手に気持ちよく話をさせるための5つのボディ・リアクション

1 ほほえむ

2 うなずく

3 乗り出す

4 のけぞる

5 手を打つ

思っている以上に、
体は動いていないもの。
だから、「ちょっと大げさかな」と
思うくらいの動きでちょうどいい

CHECK

相手の話に、体で小気味よく反応するだけで、
雑談はより盛り上がっていく

雑談をするとき、この5つのリアクションを意識する、しないでは、盛り上がりや場の空気のほぐれ方が大きく違ってくるはず。いつもやっている「はず」のボディ・リアクションを、ほんの気持ち大げさにしてみる。それだけでも雑談のテンポがよくなり、場の空気もグンとあたたまってきます。

この5つのリアクションは、だんだんと難易度が上がる形になっています。

相手の話に反応するのが苦手という人は、まず1の「ほほえむ」から実践してみましょう。慣れてきたら、2「うなずく」へ。3、4、5と進むにつれ、体のリアクションの種類も増えていきます。

親友と2人きりの会話や、夢中になって話に盛り上がっているときは、口下手な人でも知らず知らずのうちに手を打ったり、のけぞったりしているでしょう。目指すは、**どんな相手とも親友と会話を楽しんでいるときの自分になる**こと。すでに「できていること」をやるだけなので、本当は誰だってできるはずなのです。

ポイントは、5つのリアクションだけで雑談力が上がることに気づき、意識すること。意識するだけで、普段の会話に変化が生じます。さっそく、それぞれのボディ・リアクションについて、詳しく見ていきましょう。

23

1 ほほえむ ――「あなたを受け入れています」という受容のサイン

人の話を、笑みを湛えて聞く人と、無表情や仏頂面で聞く人、あなたならどちらと話したいですか？　笑顔を見せること、軽くほほえむことは、目の前にいる相手に対して「あなたを受け入れている」という無言の、しかし強いサインのひとつです。

人は誰しも「自分の話がおもしろいのか、つまらないのか、このまま話を続けていいのか――」と、**どこかで相手の反応を気にしながら話しています。**その最大の判断基準となるのが、相手の表情なのです。

話をしてもニコリともしない、口をへの字に曲げないまでも能面のような顔をされると、「この人は自分の話を聞きたくないんじゃないか」「敵意はないけれど、好意もないのではないか」というネガティブな感情を持ってしまいがち。相手がそんな疑心暗鬼に陥ったら、場の空気はほぐれるどころか、気づまりだらけになってしまいます。

これでは本末転倒もいいところでしょう。

笑顔で聞くことは話している相手への礼儀であり、雑談を「本来の雑談」たらしめる基本マナーなのです。

とはいえ、「受け入れているし、拒絶もしていないけれど自然にほほえむことができない」「自然な笑顔って難しい」という声が多いのも事実でしょう。

ホテルが新入社員に向けて実施する「お客さまとのコミュニケーション講座」といった研修に講師として招かれることがあります。

そこで「みなさんの自然な笑顔を見せてください」というと、多くの新人さんは緊張で顔がこわばり、本人は笑顔のつもりでも怒っているような、不機嫌そうな、ときには泣いているような表情になってしまいます。

ところが休憩時間には、研修での緊張から解き放たれたようないい笑顔でキャッキャと談笑しているのです。そして研修を再開すると、また怖い笑顔になる――。

つまり、自然な笑顔が出てこないのは緊張によるもの。緊張で顔の筋肉が固まっている、もっと言えば、体全体が固まってしまっているのです。

そこで私がよく言うのが、「じゃあ、ちょっと跳んでみようか」のひと言。

肩の力を抜いて軽く4～5回、その場でジャンプさせます。みんな「?・」という顔をするのですが、それをするだけで体がほぐれて、自然な笑顔がつくれるようになります。**軽いジャンプは、体の力を抜く作業。**脱力することで、こわばりがとれ、すっと次の動きに移れるというわけ。短距離走の選手が、スタート前に軽くジャンプしているのを見たことがある人も多いでしょう。ジャマイカの「世界最速の男」ウサイン・ボルト選手は、スタート前にくねくねと体を動かし、軽くダンスしています。まさにあれも脱力。脱力することで、心身ともにリラックスさせることができるのです。

相手の話を聞くときも、「ちゃんと笑顔になろう」「口角を上げよう」などと意識し過ぎるとかえって緊張が増し、顔も体もこわばってしまいます。そんなときは深呼吸して、**肩の力を抜いて、その場で4～5回ジャンプして体をほぐすだけでOK。**口元も自然に緩んできます。相手を受け入れているサインとしてのほほえみは、そのくらいでいいのです。

話を聞く側の体がほぐれて自然なほほえみが湧き出てくると、話している人も安心して肩の力が抜けてくるもの。ほほえみは話す人聞く人、双方にリラックスをもたらす雑談の基本です。

図15

笑顔は雑談の基本マナー

1 ほほえむ

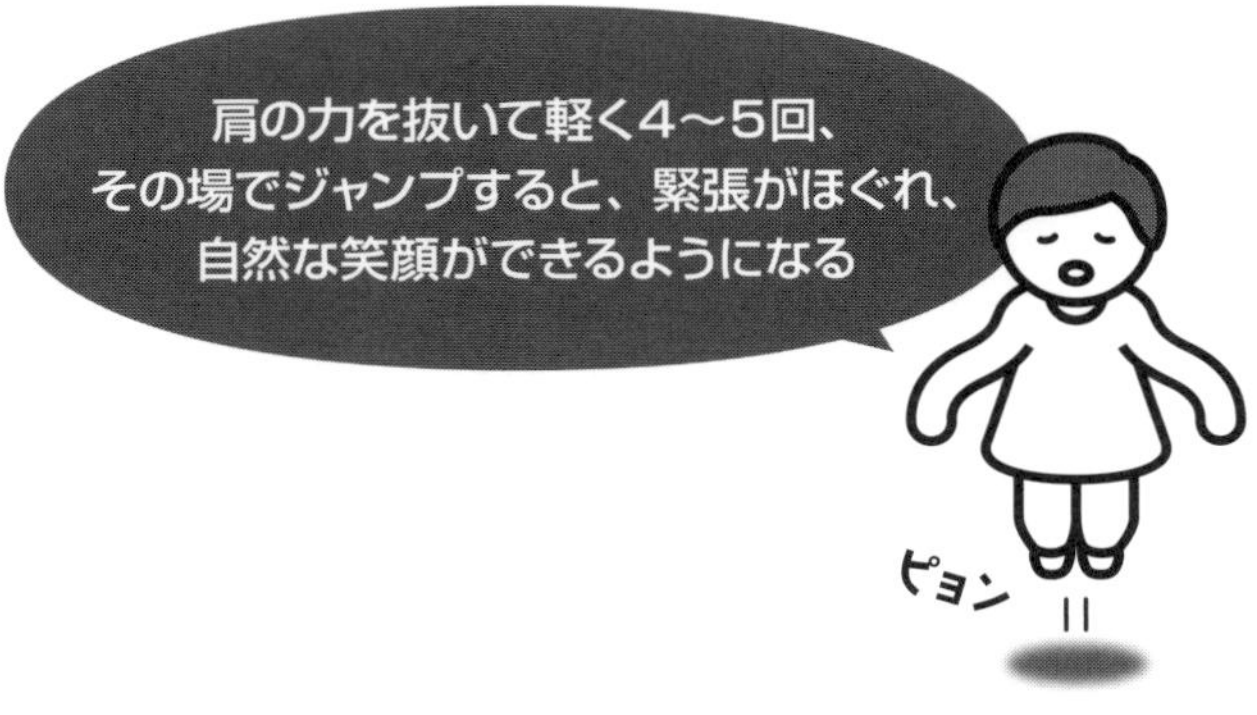
肩の力を抜いて軽く4～5回、
その場でジャンプすると、緊張がほぐれ、
自然な笑顔ができるようになる
ピョン

CHECK

ほほえみは話す人聞く人、双方にリラックスをもたらす

24

2 うなずく
――「話をしっかり聞いていますよ」という確認のサイン

話をしているときに、相手が「うん、うん」と（言葉には出さなくても）うなずいているのを見ると、自分の話がちゃんと伝わっていると思えて安心しませんか。

雑談のもっともスタンダードなボディ・リアクションは、「うなずく」ことです。

以前、対談させていただいた昭和女子大学理事長の坂東眞理子さんも、

「講演のとき、笑顔で『うんうん』とうなずきながら一生懸命聞いてくれる人がいたら、それを心の支えにして話をするんです」

とおっしゃっていました。

私も講演会や大学の授業などでは、このように無言で顔を見ながらうなずいてくれる人がいると、すごく話がしやすい。落語の独演会などもそうかもしれませんが、たった1人、舞台の上で話をしているときも、「共感してくれている相手」が目の前にいるのといないのとでは、パフォーマンスにも差が出てくると思います。

今の若い人たちを見ていると、「うなずき」が下手になっているように思えます。

それと比べると、年配者や高齢者はうなずき上手が多い。だからでしょうか、「いちいちうなずくのは年寄りじみている」と考える若い人もいるようですが、もしかしたら、「うなずき」が与える効用について、若い人たちは知らないだけなのかもしれません。

でも、それはもったいないことです。うなずきは、「あなたの話をちゃんと聞いて、理解しています」というサイン。相手の話を体全体で受け止めて理解を示すことは、人間関係における大事なマナーでもあるのです。

それだけではありません。


うなずきには、「納得」や「共感」を示すサインとしての役割もあります。

たとえば男性との雑談は、どうしても理詰めの話になりがち。そこで深くうなずいて「なるほど」「確かに」など、「あなたの言うことに納得しています」という意思表示をすると、相手は安心して続きを話しやすくなります。

A「やっぱり●●は△△じゃなきゃダメだと思うんだよね」
B深くうなずく——（あ〜、なるほど。確かにそうだよね）
A（そうそう、わかってるじゃん）
「だから◎◎にしたほうがいいって言ったんだよ」

一方、女性は、おしゃべりすることでわかり合うことを重視する傾向があります。そこで深くうなずいて「わかるよ、わかる」「そうだよね」など「あなたの話に共感しています」と意思表示することで、相手は「この人とわかり合えた」という安心感を覚えて気分よく話ができます。

A「彼、真顔で『お前は○△◆だ』だって。頭に来ちゃう」
B深くうなずく——（わかる、わかる。誰だって怒るよね）
A（よかった、わかってもらえてる）
「でしょ？　だから今、ケータイ着信拒否してるんだ」

無言でも「うなずく」というボディ・リアクションがあるだけで、相手に自分への

信頼感と安心感を与えることができます。このときしっかり相手の顔を見ることをお忘れなく。スマホをいじりながら、うんうん、とうなずいても、聞き流しているのか、スマホで見ているメッセージに同意しているのか、判別不能です。

ゆっくり、相手の顔を見ながら、うなずく。表情は穏やかで。

それが相手に「もっと話したい」「まだ話しても大丈夫」という気持ちを生み、結果として、相手主導で雑談が盛り上がっていくのです。

若い人はうなずくのが苦手と言いましたが、だとしたら、上手にうなずくことで得られるアドバンテージは大きいはず。

「新入社員の○○さんは、若いのに人の話をちゃんと聞けて、頼もしい」

こんなふうにプラスの評価を得る可能性もあります。

上司が話をしているときに、顔を見て、穏やかに、ゆっくり、うなずくだけで。

さっそく実践してみたいと思いませんか。

図16

笑顔は雑談の基本マナー

2 うなずく

**ゆっくり、相手の顔を見ながら、うなずく。
表情は穏やかで**

CHECK

うなずくことで、あなたが話さずとも、
相手主導で雑談が盛り上がっていく

25

3 乗り出す
――「その話、聞きたいです!」という興味・関心のサイン

相手の話を「身を入れて聞く」という日本語表現があります。

真剣に人の話を聞こうとすると、思わず体がグッと前に出て、「どうしても聞きたいです」という感じで、乗り出してしまう。それが本気の聞き方です。

だからといって、不自然なくらいガバッと前に乗り出す必要はありません。

ちょっと軽く乗り出すイメージでも、相手には十分伝わります。上半身、肩の部分を少しだけ前に出す。こんな具合に少し傾きをつけるだけでも、身を乗り出した感じになります。左肩、右肩、どちらでも構いません、相手に対して平行の位置にあった自分の肩を、ちょっと角度をつけて、左もしくは右肩を軽く入れる感じ。

または、手の位置を前にずらす感じで、上半身がちょっと傾きを持って前に出るだけでも「乗り出す」リアクションになります。

このように、ごく小さな体の動きでも、相手にはしっかり届きます。

さらに大きな「乗り出す」リアクションであれば、「おっ、それはおもしろいですね」「その話、よく聞きたいので」と言わんばかりにグググッと寄り添う。

取材をしている新聞記者を想像すると、わかりやすいでしょう。

政治家が、大事な発言を小声でつぶやいたりすると、「あ、何ですか、何ですか」と、メモ帳を持ちながら前にググッと迫っていく。まさしくああいう感じです。

雑談というのは、「会話が盛り上がっているという空気感」が大事です。

話す中身というよりも、話を聞く姿勢のほうがはるかに重要。会話の盛り上がり度合いは聞き方次第で、いかようにでも変化するのです。

では、座って話をしているときは？　このときは、ほんの少し、**腰の傾きをちょっと前にするだけ**でいいのです。ないしは、腰自体を1～2センチ前にずらしてしまう。一瞬、腰を浮かして前に座り直すのもいいでしょう。体を前に出すことによって「私はあなたの話に、今、関心を持ちましたよ」というサインを送るのです。

実際、講演会で私が何気ない雑談を振って、このように、ちょっとだけ体が前に来る人がいると、「この話は、ちょっと食いつきがよかったんだな」と気づきます。

高校生1000人の前で話をしたときは、彼らが興味のある話をすると、もうはっきりと腰を浮かして、「ザッ」と音がしそうなほど、勢いよく前のめりになります。

「乗り出す」リアクションの効用は、ほかにもあります。

話している相手に対し、

「おもしろそうだから、もっとその話を聞かせてください」

「その話、もっと広げてください」

ということを、乗り出した体の雰囲気で伝えることができます。

つまり、相手に気持ちよく話してもらう、相手のためだけでなく、「その話に興味があります」と意思表示をする、自分のためのリアクションでもあるのです。

話すほうは、**いろいろな話題を投げることで、相手の反応を探っています。**

「この人は野球の話で盛り上がるのか。あれ、反応薄いな……。じゃあ、今度はちょっと話題を変えて芸能界の話をしようか。それとも食べ物の話題か……」

そこで、食べ物の話題になったときに身を乗り出してくる人がいたら、「ああ、この人はスポーツではなく、食べ物の話がいいんだな」ということがわかる。

結果として、雑談テーマの絞り込みができ、そこから話を広げていくことができる。

そうなると、自然と雑談も盛り上がっていくのです。

この「乗り出す」リアクションは、就職活動の面接でも効果を発揮します。

学生が、面接官の話に反応するのです。

面接官の質問の中で、自分の得意分野に関する話や、興味深いキーワードが出てきたときに、「あ、それは……」とか「あ、そうですね」といわんばかりに、少し前のめりになるだけで、面接官は「この学生は反応がいいな」と感じます。

いつも前のめりではむしろ不自然。無理やりではなく、素直に反応するだけでいいのです。そのためには、会話のセンサーを、いつもより少しだけ感度をよくしておく。すると、相手の話の中に「ちょっとおもしろいな」と針が振れる瞬間が訪れます。そのとき、針が振れるように体も反応させるのです。

この「乗り出す」リアクションができる学生は、インターンシップや面接などで、「コミュニケーション能力が高い」「反応がよく、頭の回転が速い」などと、ポジティブな評価を受けることも。

ほんの少し体を動かすことには、実に多くのメリットがあるのです。

図17

ちょっと軽く乗り出すだけで相手に伝わる

3 乗り出す

立っているとき

- 左もしくは右肩を軽く入れる
- 手の位置を前にずらす

座っているとき

- 腰の傾きをちょっと前にするだけ

CHECK

乗り出すことで、「もっとその話を聞かせてください」のサインを相手に送る

26

4 のけぞる
――「へぇ」「本当ですか？」という驚きのサイン

「のけぞる」リアクションには、レベルがあります。

もっとも軽い「のけぞる」リアクションは、首を少し動かすだけ。

「はっ、なるほど」

このときの「はっ」は、声に出さなくてＯＫ。息を吸って首を後傾させ、「(はっ) なるほど」とか「(はっ) びっくりした」といった具合です。

ここでの**ポイントは、息を吸うことです。**

「(息を吸ってから) ええっ、本当ですか？」
「(息を吸ってから) へえ、あれ、やるんですかねえ」

まさに息を呑む感じです。後ろに反りながら息を吸い、吐くときに「ええっ」と前に戻す。呼吸に合わせれば、自然と体もついてくるでしょう。

呼吸＋小さなリアクションで、「相手の話に驚いた」ことを伝えるのです。

驚いたということは、相手の話が新鮮だったということ。

相手の話がニュースであったということ。

つまり、**「あなたの話は、新しい、ニュース的な価値がある」ということを、驚きで表現しているのです。**

話すほうも、「新鮮な話題」を、あなたに提供したいと思っています。「それ知ってる」と、つまらない顔をされたら……。私の話には価値がないと思われたら……。心配する相手に対し、「あなたの話はおもしろいです」とサインを送る。それが「のけぞる」リアクションなのです。

ここで問われるのは、反応力です。

近所に新しいイタリアンのお店ができた。

日本の研究チームが発見した新元素の名前は「ニホニウム」になった。

冥王星が太陽系の惑星から外された。

ちょっとした話題に対し、「へえ、そうなんですか」と素直に反応できる人は、好奇心旺盛な人です。驚くという行為は知的好奇心の表れ。**知的な人ほどちょっとしたことでも本来は驚くもの。**驚けない人は、知的好奇心が衰えてしまっているのかもしれません。とりわけ中年男性は、ちょっとした話題にはパッと反応できません。

無反応な人に、「じゃあ新元素の名前のこと、知っていましたか?」と質問すれば、たいてい「知らなかった」と答えます。すでに知っている話題ならまだしも、初めて耳にする話であれば、すぐに反応してほしいところですが、体が固まってしまっているため、反応できない(反応しない)人が非常に多い。

一方、もっとも反応がいいのは、小学生の男の子です。

先生が「宿題は~」「給食は~」などと言うだけで、「ええ~」とのけぞる。小学生男子は、反応することそのものがおもしろいのです。

大人になると、反応すること自体が面倒くさくなる。そして30代中盤あたりから、いよいよ体の油が足りなくなってきます。

「のけぞる」リアクションを習慣にするためには、練習あるのみ。

テレビを見て驚く、のけぞって「へえ」とか「ええっ」とか言ってみるのです。

軽い動きから練習して、本当におもしろかったときには、少し手を広げて、大きくのけぞりましょう。

中くらいレベルの「のけぞり」リアクションは、上半身全体で「へえ」と反応します。このとき、体だけでのけぞるというのは案外むずかしい。そこで、手を使うのです。**軽く手を広げるようにして、「へえ」と、上半身を反らせます。**ただし、のけぞったままではおかしいので、体を戻さなければいけません。「それで、それで」と身を乗り出すようにして、体を前に戻す。これが一連の流れとなります。

ちなみに、もっとも大きなリアクションの「のけぞり」は、「あり得ない！」という驚きを表現するために、のけぞって、崩れ落ち、そのまま床に背をつけて転がるというもの。明石家さんまさんや吉本新喜劇のみなさんの得意技です。これこそ、「のけぞる」の最終形。のけぞり、ひっくり返って、背中をつけて、手と足を上げながら「なんでやねん」。

私も『全力！脱力タイムズ』（フジテレビ系）という番組で、吉本の芸人さんと一緒に、足を上げてひっくり返ったことがありますが、転がってみると案外気持ちがいい。

そこまでせずとも、意識して「驚ける体」になりましょう。

図18

ちょっとしたことにも「驚ける体」になろう

4 のけぞる

軽いのけぞり

後ろに反りながら息を吸う
「ええっ、本当ですか？」

中くらいレベル

軽く手を広げるようにして、
「へえー」と、上半身を反らせる

CHECK

のけぞることで、新鮮な驚きを伝え、
相手にそのまま話してOKと促す

27

5 手を打つ
——「それいいですね」という共感のサイン

「手を打つ」リアクションにも、いくつか種類があります。

まずは、「あ、それ、ありますね」とか「あ、それね」みたいな感じで、軽くぽんと手を打つというもの。

「ああ……(ぽんと軽く手を打つ)。それは自分も思い当たる節があります」こんな感じで使います。

「ああ、私も見ました」などと賛同・共感の意を示します。

それは、「言われてみれば……」とか「今気づいたんだけど……」といった意味合いのある賛同・共感です。

手を打つことが、「それいいね」サインみたいなものです。

私は会議の司会をやることが多く、そこでよく手を打ちます。

たとえば、A案とB案で検討しているが、両方ともいい点がある場合。それぞれのメリット・デメリットを挙げているときなどに、ポイント、ポイントで、軽く手を打ち、会議を盛り上げ、活気づけます。

「たしかに！」「そう、そう」「あ、それ、あったなあ」などと言う代わりに、「いいね！」や「ガッテン」ボタンを押すようにぽんと手を打つのです。

もう少し、強い賛同を示すときは、手を打つ回数を増やします。

「おおっ、それではB案でいこう」となれば、3回手を打ちます。

「ああ、ある、ある、ある」（ぱんぱんぱん）

これはもう、完全な同調を示しています。「ナイスアイデア！」と、やや賞賛のこもった強い賛同です。

教師の大切な仕事は、エンカレッジすること。勇気づけが必要なのです。

誰かがみんなの前でプレゼンしたとき、「いや、よかった、よかった、よかった」と、ぱんぱんぱんと手を打ちます。3回打つとリズムがいい。先ほどの1回とはまた少々違った意味合いで、勇気づけたり、励ましたり、「おつかれさまでした」とねぎらう感じでしょうか。

「手を打つ」の最上級は、やはり拍手です。

拍手には、始まりと終わりの「合図」の役割があります。

プレゼンを開始するとき、司会者やその場にいる誰かが拍手し、みんながつられて拍手する。終わった後も同様に拍手で幕を閉じる。

「大歓迎だよ」と、始まりの拍手。

「おつかれさま、よかったよ」と、終わりの拍手。

日本人は「礼に始まり、礼に終わる」という言葉が好きなのに、プレゼンの前後で誰も拍手をしないこともあり、残念でなりません。

拍手で意識的に場を盛り上げる。**「場づくり」としての拍手**なのです。

ちなみに、「手を打つ」動きも、普段から練習しないと、なかなか自然にできるようにはなりません。あまり音を立てずに手を打つ動きをするときは、体全体が柔らかく動いているので、体全体で「いいね」を表現しているようなもの。

「手を打つ」リアクションを身につければ、会議の司会など、ファシリテーター役も上手にこなせるようになるはずです。

図19

手を打つことで話づくりをする

5 手を打つ

1回ぽんと打つ

「それいいね！」という賛同・共感のサイン

3回ぱんぱんぱんと打つ

「ナイスアイデア！」と強い賛同を示す

連続で拍手する

・場を盛り上げる　・賞賛とねぎらいを伝える

CHECK

乗り出すことで、「もっとその話を聞かせてください」のサインを相手に送る

28

見習いたい、阿川佐和子さんのボディ・リアクション

ボディ・リアクション上手な方といえば、阿川佐和子さんでしょう。

私は以前、阿川さんのトーク番組『サワコの朝』（ＭＢＳ・ＴＢＳ系）に出演したことがありますが、阿川さんはとにかく話しやすい。番組が始まる前のスタジオで、たった30秒で打ち解けてしまいます。

何より、阿川さんはボディ・リアクションがうまい。特に、体の前後の動き、のけぞりと乗り出しが上手な印象です。

おそらく、阿川さんと話すのであれば、一般の人でも『サワコの朝』に出られると思います。誤解を恐れずに言えば、出る人の話すネタがおもしろいのではなく、阿川さんが話を聞いてくれることで、テレビを見ている人たちには、ゲストの話がおもしろそうに見えるのだと思います。

つまり、**話がおもしろいかどうかは、聞く相手のリアクション次第なのです。**

「会話のキャッチボール」という表現がありますが、話し手と聞き手は、ピッチャーとキャッチャーの関係に似ています。

いいキャッチャーがいたら、時速80キロの球でもパーンと気持ちいい音をさせます。やはり、バッテリーなのです。ピッチャーがいくら速い球を投げても、キャッチャーが「カスン」という音しかしない捕り方をすると、だんだんピッチャーの調子が悪くなってくるらしい。だから、ブルペンキャッチャーは、ピッチャーが気持ちよく投げられるよう、いい音をさせる技術があるのだそうです。中には音が響くように、ミットの綿を抜いている人もいます。

それと同じで、いくらおもしろい話をしていても、一切のリアクションをせずに、黙って相手の言うことを無表情・無反応で聞いているだけなら……。だんだんジョークのキレが悪くなり、最後には「もう、おもしろいこと言うの、やめよう」となります。

ブルペンキャッチャーの「パーン」と響かせる音が、まさにボディ・リアクション。阿川さんを参考に、ぜひ練習してみてください。

29

1秒の気づかい動作で、雑談のきっかけをつくる

これは相手の話への反応・リアクションとは状況が異なるのですが、体の動きと会話がつながっている事例のひとつとして、いくつかの雑談シーンを紹介しましょう。

1人で乗っていたエレベーターに見ず知らずの人が乗ってくる——日常でよくある気づまりシチュエーションの王道です。こういうときこそ雑談の出番なのですが、結局は無言で気づまりのまま階数表示を見つめるだけになりがち。

そんなときおすすめなのが、**ドアを押さえるという動作**です。

相手が乗り込んでくるとき、ドアが閉まらないようにさりげなく押さえてあげる。そこに「どうぞ」のひと言と自然な笑顔が加われば、なおよしです。

これで相手が「どうも」「ああ、すみません」と答えてくれたら、それだけでも短い雑談を交わすのに十分なきっかけになります。

A（閉まりそうなドアを押さえて）「どうぞ～」

B「ああ、すみません。ありがとうございます」

A「何階ですか？」
B「あ、5階をお願いします」
A「毎日、どんよりしていてカラッと晴れないですね」
B「ええ、洗濯物が乾かないから困っちゃって」
A「気分も滅入っちゃいますよね。あ、3階だ。では」

電車に乗って座っているときでも、誰かが乗ってきたらお尻をずらして「ここにどうぞ」と席を空けてあげる。

A「あ、どうも」
B「大丈夫？　座れます？」
A「すみません、助かります」
B「平日なのに混んでますね」
A「○○で△△のコンサートがあるらしいですよ」
B「だから若い女の子が多いんだ」

ほら、見ず知らずの人との雑談にも比較的すんなり入れるでしょう。

いきなり「毎日どんより〜」「平日なのに混んでいる〜」から話し始めようとするときっかけとタイミングを計りにくいかもしれません。相手も急に話しかけられてドキッとすることも。でも「ドアを押さえてあげる」「席を空けてあげる」というちょっとしたワンクッションの「気づかい動作」をはさむことで、「どうぞ」「どうも」のやりとりが自然に生まれ、それをきっかけにして雑談に入ることができるのです。

エレベーターのドアを押さえる。

電車の座席をずらして移動する。

そこに、「どうぞ」のひと言。

所要時間はたった1秒です。

しかし、この**1秒の気づかいが、人と人との距離をグッと縮め、張り詰めた空気を優しく動かすのです。**

これらもまた、体の動き自体が言葉以前のコミュニケーションになっていることの証し。

相手にとってよかれと思う小さな気づかい動作が、雑談のきっかけになることで自分自身の気づまりも解消してくれる。情けは人の為ならず、です。

図20

1秒の気づかい動作で雑談のきっかけをつくる

シーン1.
エレベーターのドアを押さえる

シーン2.
電車でお尻をずらして移動する

CHECK

1秒動作＋「どうぞ」の一言だけで、
心地よい人間関係が生まれる

30

話し下手におすすめの「エコ雑談」

体のリアクションの次は、言葉のリアクションです。

雑談における言葉のリアクションの王道が「相づち」だということは、すでに述べましたが、さらにその応用版とも言える、より効果の高いリアクションがあります。

それが**「オウム返しの技」**。

相手の話の中のキーワードを拾って、それをリピートするというもの。

知識も話題もそれほど持っていないから、自ら話を振るのは苦手。

相手の話を利用する「エコ雑談」は、こういう人にうってつけの方法です。

たとえば、こんなふうに会話を進めていきます。

A「最近、運動不足解消のために朝のジョギングをはじめまして」

B「へえ、ジョギングを？」

A「鏡を見たら自分のおなかに愕然として、ヤバい、メタボだって」

B「ああ、メタボね。気になりますよね」
A「だから今、毎朝5キロ走るようにしてるんですよ」
B「え、毎朝5キロですか！」
A「慣れると意外に平気ですよ。今では走らないと物足りないくらいで――」

Bさんは自分からは何の話題も提示せず、「ジョギング」「メタボ」「毎朝5キロ」というキーワードをリピートしているだけ。

でもそれだけでAさんは「話を理解しようとしている」「話を聞いてくれている」と、自分からさらに話を広げています。その結果、**雑談は途切れずに盛り上がるのです。**

このやりとりを読んでいるだけで、私たちは「Bさんは感じのいい人」という印象さえ受けます。

自分から話を振るのはどうも苦手、話題も少ないので何を言えばいいのか見当もつかない。そう思っていた人でも、これならできそうな気がしませんか。

次のやりとりも同様に、

A「日本は世界一の長寿国だけど、それって少子化の裏返しだと思うんだよ」
B「少子化か、やっぱり問題はそこだね」
A「ウチの姪っ子の学校、1学年に1クラスしかないんだって」
B「1学年に1クラスだけって？」
A「オレらの頃は6〜7組くらいあったのにね」

相手が発した言葉をオウム返しにリピートするのは、両者で「キーワードを共有する」「キーワードでつながる」ということ。そうすることで「話が通じた感」が生まれ、お互いの間に信頼関係、共感関係が成立しやすくなるのです。

またキーワードをリピートするオウム返しの技は、**「自分がよく知らない話」になったときにも、効果を発揮します。**

たとえば、相手からこんな話を振られたとしましょう。

「○○社のAさんっていたじゃない。あの人、先月、突然会社を辞めてイタリアンレストランを開業したんだって」

相手はあなたとAさんは知り合いだと思い込んでいますが、あなたはAさんとほとんど面識もなく、名前くらいしか聞いたことがありません。

さあ、どういうリアクションをするのがいいでしょうか。

当然、

「いや、Aさんのことはよく知らなくて〜」

と正直に伝えるという選択肢が、最初に出てくるでしょう。

しかしこれだと「え、知らないのか。じゃあ、話してもしょうがないな」と、せっかく話そうとしている相手の出鼻をくじき、話の腰を折ることにもなります。すると場がサーッと冷えて、その後の話がトーンダウンしてしまうことも。

それなら、

「え、会社を辞めてレストランですか。すごいなぁ。実はAさんのことあまり知らないんですけど、ずいぶん思い切りましたね」

と切り返してみてはどうでしょう。

最初に「知らない」と言ってしまうと話はそこで終了です。そこで、まずキーワードをリピートして相手の「話そう」というモチベーションをキープ。「Aさんとはそれほど面識がない」ことは、その後で補足するのです。

「え、会社を辞めてレストランですか。すごいなぁ。実はAさんのことあまり知らないんですけど、ずいぶん思い切りましたね」

こう返すことで、両者が共有しているキーワードは「Aさん」ではなく、「会社を辞めてレストランを開業」になります。するとこの話は、

「資金が大変らしいけどね。でも退職金もそこそこ出たみたいだし」
「退職金か。いくらくらい出たんでしょうね」
「どうだろうね。でもオレなんか退職金はローンの返済だから、うらやましいよ」

などと、「会社を辞めてレストランを開業」をベースに広がっていくでしょう。

ここで大事なのは、知ったかぶりをしないということ。

知らないのに「Aさんを知っている」ふりをしても、Aさんの話題がメインになったら、知ったかぶりはいずれバレてしまいます。

別の言葉をリピートして**共有キーワードを別につくれば、Aさんを知らなくても、もうひとつの話題で雑談を広げ、盛り上がることも十分に可能なのです。**

31

リピートのポイントは「要約力」にある

「最近、ゴルフに凝ってまして」
「え、ゴルフですか」
「そうなんですよ、実は～」

このように、相手の話からキーワードを見つけて「そのまま」リピートするオウム返しは、比較的短い雑談のときに有効なリアクションです。

さらに雑談におけるリピート・リアクションには、**「相手の言いたいことを要約してリピートする」**というスタイルがあります。

こちらは雑談が盛り上がり、**相手の話が長くなってきたときに効力を発揮します。**

話が長くなってくると、聞いている側は途中で頭の中がこんがらがって何を話しているのかわからなくなり、リアクションに困るケースも出てきます。

そんなとき、実は相手も「結構しゃべっちゃったけど、ちゃんと通じてるかな」という一抹の不安を覚えていることが少なくありません。

混乱と不安。

そうした状況に置かれた両者を救うのが「要約してリピートする」というリアクションなのです。

「今朝、駅で見たんですけど、ホームに立っていたおじいさんに、若い女の子がぶつかって、そのおじいさん、危うくホームに落ちそうになったんですよ。女の子は歩きながらスマホをいじっていて、しかもイヤホンで音楽を聞いてたから、ぶつかったことにも気づかなかったみたいで『すみません』もなし。だけど、ひとつ間違えたら大事故ですよ。私もスマホ使ってますけど、さすがに『歩くときくらいしまっとけよ』って。自分も危ないし、周囲の人も危ない。自転車に乗りながらスマホやっている強者もいるし、法律をつくって罰するべきですよ、あれは」

という話になったら、

「そうそう、歩きスマホは本当に危ないから、取り締まったほうがいいですよね」

話の中で相手が言わんとしている大事なポイントをキュッとまとめて、「〜ですよね」「ってことは○○なんだ」などと軽く要約して「ダイジェスト版」をつくって返してあげるのです。

すると話している側は「そうそう、そういうこと」「そうなんだよ」「おっ、わかってるじゃん」と話が通じていることに安心感を持ってくれるでしょう。

当然、聞いている側も、自分で要約することによって相手の話を整理し、しっかりと把握できます。**相手の話を要約する力＝要約力は、雑談をする上での大きな武器になるのです。**

先の例文における最重要ポイントは「歩きスマホ」というキーワードにあります。

ところが、それに対するリアクションが

「そうそう、最近の若い女の子はマナーがなっていないですよね」
「おじいさん、大丈夫だったんですか？」

など話のポイントから外れたものになると、相手は

「確かに、それもそうなんだけど〜」

「いやぁ、それとはちょっと違うんだな〜」

となって話のテンポが削がれ、「話したい熱」も冷めてしまいかねません。

雑談とは、野球でいうキャッチボールのようなもの。

キャッチボールの基本は、相手が投げてきたボールをしっかり受け止め、きちんと投げ返すことにあります。そうすることでリズムとテンポが生まれて、お互いに気持ちよく投げられる＝話すことができるのです。

もし自分が投げ返すボールがとんでもない暴投（話のポイントを外している）だと、相手はいちいちそのボールを拾いに走らなければならず、キャッチボールはうまくいきません。

相手の話を聞いて、ポイントを外さずに要約して反応するというリアクションは、ボールを相手が捕球しやすい胸元にしっかり投げ返すのと同じこと。それは、話している相手に対する気づかい、誠意でもあるのです。

要約とは相手の話のポイントを理解し、簡潔にまとめること。

そう聞くと難しい、ハードルが高いと思われがちですが、何も評論文や新聞の社説のような難解でややこしい文章を要約しろと言っているわけではありません。あくまでも対象は「相手が今、しゃべっている雑談」です。新しい言葉を持ち出してリアクションする必要はありません。相手の言葉を使ってまとめればいいのです。

私は大学でもこの要約の練習を授業に取り入れています。学生たちにひとつのエピソードを聞かせ、「この話を要約してひと言リピートするとしたら、何と言えばいいか」を考えさせるのです。最初は的外れな要約になっても、相手の話をしっかり聞く姿勢を持っていれば、誰もがポイントを外さない要約ができるようになってくるもの。決して難しいことではありません。

要約力に自信のないうちは、「歩きスマホ、急に増えましたよねぇ」などと、**自分なりにキーワードだと思った箇所を、そっと返して相手の反応を見ればいいのです。**

「そうなんだよ、だから法律で取り締まるしかないんだよなぁ」

という具合に、相手が要約して投げ返してくれることもあります。

こちらの相手の様子を見て、受け取りやすいボールを投げてくれる。これこそが、会話のキャッチボールです。

そうしたら、

「本当ですね。駅のホームとか危ないですし、法律が必要ですよね」

と、軌道修正できます。

要は経験。普段から「会話のキャッチボール」を意識して、要約力を鍛えていきましょう。自然と要約力が身につけば、誰とでも感じのいい会話ができるようになります。

図21

相手の言いたいことを要約しよう

そういえば今朝、
歩きスマホの人が〜
(今朝の話が続く)
そうそう、歩きスマホは本当に危ないから、取り締まったほうがいいですよね〜

相手の言いたいことを要約してリピートする

要約とは

相手の話のポイントを理解し、
簡潔にまとめること

要約に自信のない人は

自分なりにキーワードだと思った箇所を返して、
相手の反応を見る

CHECK

**相手の話を要約する力=要約力は、
雑談をする上での大きな武器になる!**

32

「いったん受け止めて投げる」で、話す側の暴走を抑える

メインで話すのは自分ではなく相手、その合間にこちらがリアクションをすることで、相手の興が乗って雑談が盛り上がっていく。

相手主体の「リアクション雑談」では「相手8対自分2」がベストバランスだと私は考えています。

ところが相手の興が乗り過ぎて、あまりにも話が長くなり過ぎると、逆に「話が止まらなくなる」という困った状況に陥ってしまいます。

雑談支配率のバランスで言えば「相手10対自分0」、これはもう雑談ではなく、話し手1人による「独演会」です。とくに中高年男性は、雑談の途中で独演会に入ってしまう傾向があります。

こうした独演会ではときに、話している本人が収拾をつけられなくなることも。そうなると聞き手のストレスが大きいのはもちろん、話し手のほうも疲れてきます。

しかし、いきなり相づちを止めたり、まったくのノーリアクションになるのは×。相手の話を無視するような雰囲気になり、場の空気に緊張感を走らせてしまいます。

唐突に「話は変わりますが」と切り込むのも、同様に相手への配慮に欠けます。ストレートに「話が長いですよ」など、ケンカの原因にしかなりません。

では、止まらなくなった独演会を一時停止させる方法はないか。

延々と続いていた話題を、ごく自然に変えるには、どうすればいいか。

そこで役に立つのが**「要約するリアクション」**なのです。

相手のキーワードを捕まえて、

「なるほど、○○が大事ってことですよね」

「ああ、△△っていうことだったんだ」

といった要約のリアクションをすることで、ヒートアップしてきた相手の話をいったん受け止め、ひと呼吸入れる「間」を与えることができます。


「そういうことだったんですか。○○なんですね」

こう投げ返せば、

「そうそう、そういうこと」と、ワンクッションを挟み込むことができます。

収拾がつかなくなりかけていた話を軽くひとまとめにして、ちょっとひと息。言ってみれば、「ここでいったんCMです」という感じです。

独演会になる大きな原因のひとつは「話が通じていないかも」という不安です。不安があるから「わからせよう」と思って、どんどんしゃべり続けてしまうのです。

会社の会議でも同じです。部下にすれば「上司が話しているから黙って聞いている」だけなのに、反応がないために上司は「オレの話、伝わっているのか」と思ってしまう。だから同じ話をくり返して、話がどんどん長くなるのです。

その会議で部下からひと言だけでも、「あ、課長のおっしゃってるのは『○○を最優先しろ』、これですね」という要約のリアクションがあれば、「そう、そのとおり」となって長々と話す必要もなくなり、ストレスも軽減するでしょう。

話を要約して「私は理解しました」とアピールすることが、「話の暴走」を防ぐことにもつながります。

要約力は雑談のバランスを安定させるスタビライザー（安定装置）でもあるのです。

もうひとつ、要約して返すことの重要性についてお伝えしたいことがあります。自分の評価を高める（下げない）ために、要約のリアクションを入れる必要がある、ということです。


「あの人は話が長い」

「あの人は同じ話を延々とくり返す」

あなたの周りに、こんなふうに感じている人がいたら、要注意です。

その原因が、相手ではなく、あなた自身にあるかもしれないからです。

「いちいち説明しないとわからないんだよね」

「何度も言わないと気づかないから困るよ」


もしかしたら、相手はあなたのことを「話の理解度が低い人」だと感じている可能性もあります。上司の話がしつこいと思っていたら、「あの部下は察しが悪いから、何度も言ってあげないといけないんだよ」なんて周囲にこぼしていた……なんてことがあったら、お互いにとって悲劇です。

若者はリアクションが薄いと書きましたが、**リアクションが薄いと、相手がしつこ**

くなるという悪循環が生じやすいのです。なぜなら、相手が理解していないからリアクションできないと思っているから。

相手の話が長い、くどくど同じ話をくり返す。その原因が自分にあったとすれば、今すぐ改善する必要がありそうです。

ここまで書いてきたようなリアクションをとることはもちろん、相手の話をしっかり受け止めて、**「それは○○ということだったんですね」と、要約して返すのです。**

「私はあなたのことを理解していますよ」というアピールを入れてあげることで、相手は安心して会話を収束させるかもしれません。

「いったん受け止めて投げる」という行為は、相手のためであり、あなた自身のためでもあるのです。

33

リピート＋ちょっとした質問で話題を広げる

相手のキーワードをオウム返しでリピートする。相手の話を要約してリピートする。これらはリアクション雑談の重要なテクニックですが、これにプラスして、さらに雑談を盛り上げる3つめのリアクション・アプローチが「質問リアクション」。

相手の話に「ちょっとした質問」で切り返すことで、話を広げていく方法です。

これはエレベーターやすれ違いざまの短い雑談よりも、タクシーでの移動中やパーティーでの歓談タイムといった、比較的長めの雑談向きのリアクション術になります。

やり方は、とっても簡単。オウム返しや要約によって「今までのあなたの話はわかっています」という意思表示をした上で、「ちょっとした質問」を投げ返せばいいのです。

前出の例文を思い出してください。

A「日本は世界一の長寿国だけど、それって少子化の裏返しだと思うんだよ」
B「少子化か、やっぱり問題はそこだね」

A「ウチの姪っ子の学校、1学年に1クラスしかないんだって」
B「1学年に1クラスだけって?」
A「オレらの頃は6~7組くらいあったのにね」

オウム返しの技で相手のキーワードを拾ってリピートし、「通じている」意思表示はできました。

そこで「次の一手」です。

この後に、こんな「ちょっとした質問」を加えてみましょう。

B「少子化には、若い人の晩婚化や非婚化も関係してるのかな?」

すると

A「確かに。ウチの会社にも『独身のほうが気楽』っていうヤツが多いよ」
B「オレの周りもそう。結婚しないんだから、子供も増えないよな」

「少子化で、クラス数が少ない」という話題に、「その原因は非婚、晩婚か」という新しい「角度」がついて、話に広がりが出てきたでしょう。

質問リアクションの極意は、「沿いつつずらす」にあります。

相手の話に同意するばかりでは話題がなかなか広がりません。かといって自分の話ばかりするのはお互いが疲れる「独演会」になってしまいます。

そこで、次の方法で話を展開します。

1 キーワードをリピートして、相手の話と同じ方向に進みつつ（沿いつつ）

2 軽い質問をはさんで、話題の方向性を少しずらす

こうすることで、話題はより広角に、バリエーションを持って展開するでしょう。

きちんと沿ってもらえると相手は「理解された」と感じて嬉しくなります。その上で、ちょっとだけ方向転換すると、相手もその後の展開に乗ってきやすいはずです。

ところが、理解もなしに突然、「話は変わりますが」と話をずらされると、「話がつまらなかったのか」という不安感や「適当にはぐらかされた」という疎外感などネガティブな感情を持たれてしまう恐れもあります。

「沿いつつずらす」は、合気道の技にも通じるものがあります。

相手の動きに寄り添って自分の動きと一本化させ、スッと方向をずらして投げる。相手の力を上手に利用して、ずらして引いて、投げる。合気道の技法とはこうしたものだと言います。

雑談でも、強引な力技で話題を広げるのではなく、相手の話に沿いながら少しずつ話題をずらしていく。

ちょっとした質問によるリアクションは、相手の心に負担をかけずに話題を広げ、展開するための、優しいスイッチなのです。

図22

話が広がる リピート＋ちょっとした質問

1 キーワードをリピートして、相手の話と同じ方向に進みつつ（沿いつつ）

2 軽い質問を挟んで、話題の方向性を少しずらす

A「日本は世界一の長寿国だけど、それって少子化の裏返しだと思うんだよ」

「少子化か、やっぱり問題はそこだね」 B

A「ウチの姪っ子の学校、1学年に1クラスしかないんだって」

リピート 沿いつつ

「1学年に1クラスだけって？」 B

A「オレらの頃は6〜7組くらいあったのにね」

ちょっとした質問 ずらす

「少子化には、若い人の晩婚化や非婚化も関係してるのかな？」 B

A「確かに。ウチの会社にも『独身のほうが気楽』っていうヤツが多いよ」

「オレの周りもそう。結婚しないんだから、子供も増えないよな」 B

ポイントは沿いつつずらす

CHECK

力技で話題を広げるのではなく、相手の話に沿いながらずらしていく

34

ちょっとした質問の基本は「現在・過去・未来」

知っている話や興味のある話題ならば、ちょっとした質問もできるけれど、自分がまったく知らない話になったら……。「何を質問したらいいかわからない」と思うのも無理はありません。

とはいえ、心配はいりません。やろうとしているのは議論での質疑応答ではなく、場の空気をほぐす雑談なのですから。

そこで求められるのは、問題解決や相手を論破する理詰めの質問ではありません。あくまで話を広げ、展開させるシフトチェンジのきっかけです。

だから「ちょっとした質問」でいい、「ちょっとした質問」のほうがいいのです。

雑談において大事なのは「質問する」という行為そのもの。

どんな話題に対してもライトな質問を出せること、詳しくない話やよく知らない話題になったときでも何かしら質問して話を広げられることが重要なのです。

相手の話を広げ、たとえ自分が知らない話題でも通用する「マルチな質問」のつくり方をお教えしましょう。

ポイントは「現在・過去・未来」、これだけです。

現在とは、そのことの現状やあらまし。
過去とは、それが起こった原因や背景。
未来とは、そのことによる影響。

これを質問すればいいのです。たとえば

「日本もマイナス金利の時代。どうなっちゃうんでしょうね」

と、「マイナス金利」が話題に上ったとしましょう。あなたはマイナス金利についてあまり詳しくありません。さあ、どういう質問を返せばいいでしょうか。いくら詳しくないからといって、

「マイナス金利って何ですか」

では「え、そこからですか？」「一から話すのは面倒だな」となって話の腰を折りかねません。そこで聞き方をちょっと変えて、

「今、マイナス金利って、どうなんでしょうかね」

「一時期ほどはニュースで聞かないけど、今、どうなってるんでしょうね」

もう少し踏み込むとすれば
「今、マイナス金利で町の銀行は大変なんでしょうかね」

などと、「現在」についての質問にしてみましょう。


「いや、大変みたいですよ。日銀がお金を刷って銀行に流しても、銀行はそれを貯め込むばかり。マイナス金利で利子をとられるというのに使わないいんだから」

「じゃあ、お金はあるのに、世の中に回らないいってことですね」

「そうそう」

相手からこんな答えが返ってきて、話が広がるかもしれません。

ほかにも
「そもそも、どうしてマイナス金利なんてことになっちゃったんですかね」

と「過去」を聞く。

「このままマイナス金利が続くと、どうなっちゃうんでしょうね」

と「未来」を聞く。

相手がその話題に詳しければ、進んで教えてくれたり、自分の意見を話したりしてくれるでしょう。

どんなことにも、現在（現状）、過去（背景・原因）、未来（影響）はあります。

今どうなっているのか？

何でそうなったのか？

これからどうなるのか？

この3つの質問は、まさに鉄板。新聞記事もテレビのニュースも、基本的には「その事件のあらまし」「その事件の背景」「その事件の影響」という3つの柱を取材することで成り立っています。

雑談の中でも、この3つの問いを投げかけることで、どんな話でも、自分がよく知らない話、難しそうな話でもより深まり、広がり、相手主導で話を続けていくことが十分に可能なのです。

もっと軽い雑談の話題でも、

「そういえば、駅前に○○がオープンするんだってね」

と振られたら、

「そうでしたか、あの建物って前は何でしたっけ？」

「へえ、どうして○○になったんでしょうね」

「となると、競合の△△は撤退するんですかねえ」

などと、過去・現在・未来の質問で、だいぶ話は広がります。


そのトピックに関する知識も情報もない。そんなときに、「現在・過去・未来」のテクニックを知っていると便利です。

言い換えれば、このテクニックさえ知っていれば、あらかじめ、たくさんの話題のネタを仕入れておく必要はありません。となると、一見、共通の話題がなさそうな相手に対しても、臆することなく話しかけることができるようになります。


今どうなっているのか？

何でそうなったのか？

これからどうなるのか？

この**3つの質問は、雑談の「心のハードル」を下げる効果もある**のです。

図23

ちょっとした質問の基本は「現在・過去・未来」

── 現在（現状）──
今どうなっているのか？

── 過去（背景・原因）──
何でそうなったのか？

── 未来（影響）──
これからどうなるのか？

この3つの質問を投げかけることで、自分がよく知らない話、難しそうな話でもより深まり、広がり、相手主導で話を続けていくことが十分に可能！

CHECK

3つの質問は、あなたの雑談の「心のハードル」を下げる効果もある

35

マツコ・デラックスさんに学ぶ、「素朴な質問」の重要さ

沿いながらずらして相手から話を引き出し、より深く掘り下げ、より広く展開する質問リアクション。このアプローチが実に上手だと思うのが、マツコ・デラックスさんです。

社会一般の、ごく普通の感覚にあふれた質問を、誰に対してもズバリ的確に、しかも笑いをとってできるのがマツコさんの大きな魅力だと私は思っています。

マツコさんがMCを務め、さまざまなジャンルの専門家をゲストに招いて、そのこだわりを紹介する番組『マツコの知らない世界』(TBS系)。

マツコさんはゲストのマニアックな世界観に共感しながら、合間合間に的確な質問を投げかけて、その話をより深く、おもしろく掘り下げていきます。

自分が門外漢のテーマであっても、

「そうそう、△△ってすごくわかる」

「え、○○なの？　やだ、知らなかった。すごいじゃない」

「へえ、私、嫌いじゃないわ、これ」

「やっぱりそれよ、◆◆でしょ。だと思った」


と、その世界のことを理解し、同調し、共感します。その上で、

「でもさ、それで採算が合うわけ？」

「これってどんな人が買うの？」

「何で、よりによってこの『◎◎味』を商品化したの？」

「それをやるお金、ほかに回したほうがいいんじゃないの？」


といった「疑問」を「質問」という形で投げ返す。

ゲストはその質問に答え、それにまたマツコさんが質問でつっこむ。

マツコさんの沿いつつずらすリアクションに乗せられて、テレビ慣れしていない素人さんも多弁になり、そこに自然と笑いや歓声が生まれてくるのです。

番組を見る側は、マニアックな専門家とマツコさんが趣味の話で盛り上がっている

雑談に同席しているような気分になっているのではないでしょうか。

マツコさんといえばキャラクター的にエッジの効いた鋭いツッコミがクローズアップされがちですが、私はむしろマツコさんの質問の「素朴さ」に注目しています。

テレビを見ている人たち、誰もが思うであろうこと、「今の話を聞けば普通、そう思うよね」「みんなそこが聞きたいよね」という「みんなの疑問」を、マツコさんなら代わりに聞いてくれるという安心感があるのです。

素朴な質問というのは、私たちの普段の雑談で、とても大事です。

質問リアクションの基本は、**相手の話を聞いていて感じた「?」を素直に聞くこと**。

相手を論破するための質問ではないのですから、奇をてらったり、相手の話を無理にこねくり回して質問をひねり出す必要はありません。

「いい質問ですね」

などと言われたくて、知的な質問を投げかける必要などありません。

そこで求められるのは、**「相手への関心」と「世間一般の感覚」**です。

相手の話に関心があるからこそ、もっと話を聞きたいからこそ、あえて「こんなこと聞いたらはずかしい」と思われるような素朴な質問を投げかける。

そしてその質問の根底に、世の中の人たちと共通する判断基準や金銭感覚、生活感覚があるからこそ、相手に「こんなこと聞くのははずかしい」と思われず、

「やっぱり、みんなそう思うよねぇ。実は僕も～」

「あ、そうか。そんなこと考えてもみなかったな」

と相手の話を、さらに引き出すことができるのです。

第３章　３人以上の雑談を制する

――誰もが苦手な、複数人との雑談を克服する

36

3人以上の雑談は、パワーバランスに気をつける

2人ならそれなりに盛り上がるけれど、3人になると途端に雑談がギクシャクする――学生からこんな悩みを持ちかけられることがあります。

「先輩と訪れた取引先で、先輩と先方の担当者だけがわかる雑談で盛り上がって、自分はまったく話に入れない。そのときの居心地の悪さったらないですよ」

会話の大縄跳びに入れないという悩み。

この若いビジネスマンに限らず、誰もが一度は経験したことがあるのではないでしょうか。

雑談シーンは、自分と相手の2人だけという状況ばかりではありません。その場に居合わせた人の数によって、雑談に参加する人数は変わってきます。

ここではまず、大人数の基本となる「3人での雑談」を例に取り上げます。

3人という人数は社会のベースであり、最小単位でもあります。3人の雑談を制することは、社会性を身につけることにつながります。

3人の雑談をスムーズに進めることができれば、もっと大人数になった雑談でも大丈夫でしょう。

3人の雑談で最初に注意すべきは、会話のパワーバランスです。1対1（2人）の雑談は、ひとつの話題を中心に、両者が「話す」と「聞く」を交互にくり返すという形で、そのパワーバランスは基本的に平等です。

ところが3人の場合だと、そのパワーバランスは偏りがちになります。

3人のうちの2人が話し、もうひとりはそれを傍観する。つまり「2対1」というバランスになってしまいがちなのです。

たとえば、その場に居合わせたAさん、Bさん、Cさんの3人のうち、AさんとBさんには「自宅の最寄り駅が同じ」という共通点があったとします。

すると、その場の雑談はこんな風になりがちです。

A「駅前の○○という居酒屋、知ってる？」
B「よく行くよ。モツ煮込みが好きでさあ」
C「……」
A「あそこの大将、無愛想だけど腕はいいよね」
B「でも、話すと意外におもしろいんだよ」
C「……」

共通の話題を持つAさんとBさんの2人だけが盛り上がり、共通点を持たないCさんは会話の「大縄跳び」に入りたくてもなかなか入れません。

ここでは会話のパワーバランスは2（A、B）対1（C）になり、さらに雑談に参加している割合は、AとBが9割でCは1割くらい、ひどい場合には、この例のように10対0のような状態になることもあります。これでは実質的に2人で話しているのと何ら変わりがなくなってしまいます。

たとえるなら、3人がグローブを持っているのに、そのうちの2人だけでずっとボ

図24

3人以上の雑談で、社会性を身につける

3人は「社会」の最小単位

↓

3人の雑談ができるようになれば、あなたの社会性とコミュニケーション能力はグンと上がる！

CHECK

3人以上の雑談はどうも苦手という人は案外多い。
この章で克服しよう！

ールを投げ合っているキャッチボールのようなもの。多勢が1人を孤立させている状況は、極論すれば社会問題になっている「いじめ」の構図と同じなのです。

こうなってしまっては、その雑談は場の空気をほぐすどころか、誰かを傷つけることにもなりかねません。

人が3人集まれば派閥ができると言います。

3人以上での雑談では「2対1」「10対0」という状況をつくらないことが何よりも重要です。

会話のバランス（アンバランス）にまず気づく。

3人の雑談を制するには、ここからスタートです。

37

求められるのは「多数派の気づかい」

会話のパワーバランスが「2対1」になりかけたとき、状況を変えるのは「2」の側にいる人、多数派にいる人の役目です。いや、義務と言ってもいいでしょう。

共通の話題があった場合、一瞬2人で盛り上がるのは仕方ないけれど、延々とその話題を引っ張らずに、「1」の人にもちゃんと話を振ること。

話に入れずぽつねんとしている人をひとりぼっちにせずに、全員での会話に誘導する、という気づかいが多数派である「2」の側に必要不可欠なのです。

先の例で言えば、

A「駅前の○○という居酒屋、知ってます？」
B「よく行きますよ。モツ煮込みが好きなんです」
A「あそこの大将、無愛想だけど腕はいいですよね」
B「でも、話すと意外におもしろいんですよ」
A「そうなんですか。で、Cさんは、どこの沿線なんですか？」

C「私は◎◎線の△△駅です」
B「△△駅か。あの駅前も大きな繁華街になってますよね」
A「私、そこの◆◆っていう店、知ってますよ」
C「ええ、そこも煮込みがおいしいんです」
B「Cさんは、よくその店に行くんですか？」

Aさんの「Cさんは、どこの沿線なの？」という振りが、残されたCさん引き込み、雑談の大縄跳びができています。

さらに、Cさんの話にAさんとBさんがリアクションすることで、「2対1」だったパワーバランスが「1対1対1」のフラットになり、その場の全員が気づまりなく、「モツ煮込み」という同じ話題を共有できるようになりました。

多数派である「2」が知り合い同士とか共通点がある場合は、むしろ「1」の人にどんどん話を振ってその人を話の中心にするくらいが、ちょうどいいバランスかもしれません。

「2」にとって共通点のない「1」は、逆に新しい話題を提供してくれる存在ともいえます。ならば、**「その人を話題にして、もうひと盛り上がりしましょう」という気持ちになればいいのです。**

自分たちだけでなく「もう1人いる」という状況を意識することが、多数派の気づかいの基本です。おしゃべりな2人、気の合う2人ならば、どこか別の機会で2人きりになったときに思いっきり話せばいいのですから。

2人が投げ合っているのをずっと見続けさせられている人の孤立感は想像以上に大きいもの。要するに「無視」「シカト」状態ですから当然です。

キャッチボールやサッカーのパス回し、バレーボールのトス回しでそんなことになればすごく異常な風景になるのに、残念ながら、日常の会話だとその異常さに気づかずに「ひとりぼっち」をつくってしまいがちです。

3人以上の場で求められる雑談力とは、それに気づくことでもあるのです。

そして、この「気づき」こそが、その人の社会性、コミュニケーション能力そのものなのです。

仮に、AさんがBさんにばかり共通の話題を振って、2人で盛り上がってしまったとしたら……。

人は案外、人のことを冷静に見ているもの。その場の空気を壊さぬよう、Bさんは仕方なくつき合っているだけかもしれません。そうなると、後でどう評価されるかはわかりません。その場は盛り上がりを見せたとしても、後でBさん、Cさん両方から、「Aさんは配慮に欠ける人だ」とか「鈍感な人だ」などと、マイナス評価を受ける恐れさえあります。

もうひとつよくあるのが、2人で先に話が盛り上がっているところに、もう1人が途中から参加してくるケースです。

すでにでき上がっているコミュニティに後から参加するとき、その人は多少なりとも「うまくとけ込めるだろうか」という不安を持っています。

公園デビューする若いママさんが、先輩ママさんグループにとけ込めるか心配になるようなもの。そのときグループの誰かが気づかって声をかければ、新米ママさんも安心できるでしょう。

雑談も同じ。先に盛り上がっていた「2」の側には、新規参入の「1」の人の不安を察し、話を振ってパワーバランスを調整することが求められます。

図25

3人以上の雑談は、パワーバランスに注意を

CHECK

3人以上での雑談では
「2対1」という状況をつくらない

盛り上がりがひと息つくまで、新規参加者を放っておくか。

「今、こんな話で盛り上がっていたんだけれど、あなたはどう思う？」などと新規参入者に話を向けて門戸を開けるか。

こういう場面で、**雑談力という名の、その人の「人間力」が問われるのです。**

38

昭和の会社の昼休み。「屋上のバレーボール」に学ぶ雑談力

3人以上の雑談でひとりぼっちをつくらないための、シンプルな原則は「まんべんなく」にあります。

サラリーマンたちが昼休みになると会社の屋上で、みんなで輪になってバレーボールをする。昭和のサラリーマン映画などでは、そんな古きよき光景があります。

「○○さん、行くよ」「次、△△さん」「はい、◆◆さん」「今度は◎◎さんだ、ほら」と、何となくまんべんなくみんなにボールが行くように、和気あいあいとボール回しに興じている。私が考える「大人数での雑談」とは、まさにこうしたイメージなのです。

このボール回しを想定して、大学でこんな授業をすることがあります。

基本的には4人1組のグループで雑談をしてもらうのですが、そのとき4人の輪の真ん中に1本のペットボトルを置きます。そして話す人はペットボトルを手で持ち、次にほかの誰かが話し始めたら、その人に手渡します。そうやってペットボトルをまんべんなく、全員に回すように話させるのです。

ペットボトルは「今、私が話しています」というサイン。屋上バレーボールなら「私のところにボールが来ました」という状態です。こうして次々にペットボトルを回しながら話していると、自然と話の手離れがスムーズになってきます。それはボトルの存在をみんなが意識し、回そうとするからです。

A「2016年はポケモンGOが流行ったけれど、そんなにおもしろいのかな」
B「私は今もやってるけど、結構おもしろいよ。ねえ？」
C「でもあれさ、バッテリーの減りが半端なくない？」
B「そうそう、1日持たないかも」
A「私は、歩きスマホの増加のほうが嫌だな。そう思わない？」
C「わかる～。オレも昨日、歩きスマホの子供を自転車で轢《ひ》きそうになったもん」
B「テレビのコメンテーターの間でも話題になったよね。Dくんはどう思う？」
D「そうだな、僕はゲームがどうこうより、遊ぶ人のマナーだと思うけどね」

こんな感じで、ポンポンと雑談のボール回しが続いていきます。
「ある、ある」「だよね～」「わかる、わかる」「そうそう」と、ひとりひとりが長くキープせず、ワンタッチで「はい、次」という感じで手離れよく、まんべんなく雑談が回っていきます。

すると次第に、発言が少なくて話に参加していない人の存在にも気づいて、指名して直接ボトルを回す（話を振る）ことができるようにもなるのです。

逆に、そこでひとり誰かがずっとペットボトルを持ったまま話し続けると、周囲は大きな違和感を覚えるでしょう。「ペットボトルの動き＝会話のボール回し」が滞っているように感じるのです。みんなでボールを回しているのに、抱え込んじゃダメでしょう、と。

自分が話を独占してしまう人は意外に多いもの。そういう人がグループにいると、「ペットボトル回し」の滞りですぐにわかってしまいます。もちろんボトルを止めている本人もそれに気づきますから、自分で反省をし、周囲を見てパスするようになるのです。

そう、3人以上の雑談は、こんなふうに**ちょっとだけ周囲の人に意識を向けるだけで、誰もがスムーズにできるようになるのです。**

「エアペットボトル」を手に、まんべんなくボールを渡す意識で、話を振ってみる。そこから会話は回り始めていくのを感じるでしょう。ぜひやってみてください。

図26

ペットボトル回しで
雑談の練習をしよう

やり方

- ４人１組のグループでおこなう
- ４人の輪の中にペットボトルを置く
- 話す人はペットボトルを持つ
- ほかの誰かが話したら、その人にペットボトルを渡す
- 全員にペットボトルが回るようにする

CHECK

ペットボトルを持つ＆渡すことで、
「雑談のボール回し」が続くようになる

39

話さずに3人以上の雑談を制する「人間首ふり扇風機」

まんべんなく雑談をする練習でもうひとつ重視しているのが、話すときの体の向き、**厳密に言えば「胸の向き」です。**

「あなたの話が聞きたい」「あなたの話を聞いている」という気持ちを表す、もっとも基本的な方法が「相手に体を向ける」ことです。それも、顔だけを向けるのではなく全身を向ける。そうすることで、より真剣に話を聞きたいという姿勢を伝えることができます。

逆に、スマホをいじりながら顔だけ上げるような、体を向けずに顔だけを向けて話を聞くという聞き方は失礼千万。それだけで、適当に聞き流している、仕方なく聞いている、できれば聞きたくないというネガティブな印象を相手に与えてしまいます。

会話をする際には「相手に体を開く」「相手に胸を開く」のが基本なのです。

1対1の雑談であれば話し相手は目の前にいる1人だけですから、そちらに体を向けて話すだけで問題はありません。しかし3人以上の雑談では話し相手が複数になるため、事情は変わってきます。

複数を相手に話すときに誰か1人に体の向きを固定すると、聞き手を限定する印象になり、その場のパワーバランスに偏りが生じる恐れがあるのです。


こうした状況は先の4人1組で輪になって行う雑談練習でもよく見られます。ペットボトルを持って話す人は、当人は全員に向けて話しているつもりでも、ついつい真ん中の人だけに体を向けてしまう傾向があります。

すると真ん中の人と、体を向けられていない両端の2人の間で、聞き手としての均衡が微妙に偏ることがあります。

本来は「話し手1対聞き手3」であるべきところが、「話し手1対メインの聞き手1対サブの聞き手2」という構図になりかねません。場合によっては、サブの2人が「自分たちはついで」と孤立感や疎外感を感じてしまうことも。

もし3人での雑談で同じことが起こると、「話し手1対メインの聞き手1＋サブの聞き手1」になり、そのつもりはなくても結果としてひとりぼっちをつくる「いじめの構図」になってしまいます。

こうした事態を避けて聞く人全員に話しているという状況をつくるには、体の向きを固定せず、全員に均等に向くように話すことが求められます。

ここでイメージするのは、「首ふりの扇風機」です。

首ふりをすることで部屋全体に風が送られるように、話しながらゆっくり体を動かして、**複数の聞き手みんなに体が向くようにする。「人間首ふり扇風機」になればいいのです。**

真ん中の人に向けて少し話したら、次は右側に、その次は左側の人に話しながら体を向ける。これだけで「あなたにも、あなたにも、そしてあなたにも、全員に話していますよ」という意思が伝わります。

首ふり――正確には「体ふり」ですが――はいろいろ考えず、機械的にやりましょう。自然に体がそう動くように、クセにしてしまうほうがいい。

アメリカ留学から戻った友人に聞くと、大人数で雑談するときは「1人につき何秒」で「左から右、右から左へと往復する」と決めているといいます。

たとえば1人に5秒なら、Aさんのほうを向いて心の中で「1、2、3、4、5秒」とカウントしながら話し、次に右隣りのBさんに向いて「1、2、3、4、5」、次はその右のCさんにという具合。そしていちばん右端まで行ったら、また戻ってくるのだと。まさに人間首ふり扇風機です。

留学前は話し方を意識することもなかったという彼は、「アメリカで暮らしている間に『全員に均等に話す』というコミュニケーション習慣が自然と身についたのだと思う」と、笑っていました。

機械的に、何秒ごとに体の向きを変えるなどというと「冷たい」とか「心がこもっていない」と思われそうですが、それは間違い。

まんべんなく話を向けることで誰かの疎外感をなくすことは、大人数で雑談するときのマナーなのです。

40

体を動かすだけで、あなたの好感度は上がる

第2章で、話させ上手になる5つのボディ・リアクションを紹介しましたが、3人以上の雑談で、この**ボディ・リアクションは絶大な効果を発揮します。**

関西で『ちちんぷいぷい』（MBS）という人気の情報番組があります。この番組で私もときどきご一緒する水曜メンバーのなるみさんは、関西で圧倒的な人気を誇る芸人さん。実にリアクション上手です。

VTRが始まると、「なんや、なんや、このおっちゃん」っていう感じで、ひじをグググッとテーブルの前に出して身を乗り出し画面にかぶりつきます。この、なるみさんの「乗り出し感」によって、おもしろそうなことが始まりそうだと、スタジオも高揚感に包まれます。

VTRが終わった後も、「おもろいおっちゃんやなあ」とリアクションし、すかさず周囲の人に体全体を乗り出しながら、「ねえ、先生」と、話を振っていきます。

なるみさんがすごいのは、乗り出す方向が右、左、前と、全方位なところ。ゲスト、

レギュラー出演者、ＶＴＲの一般人にと、あらゆるところにツッコミを入れていきます。彼女の体の動きによって、スタジオ全体がアクティブになり、一体感が増すのです。

前の項で「複数の聞き手みんなに体が向くようにして、『人間首ふり扇風機』になればいい」と書きました。これにボディ・リアクションを組み合わせ、前のめりになってみんなの話を聞くだけで、人気者になれます。

たとえば婚活パーティー。4、5人で話している輪の中に、なるみさんのように、身を乗り出して話を聞いてくれる人がいたらどうでしょうか。誰もが、つい彼女に向かって話をしたくなってしまうでしょう。

「先ほど話をした人たちの中で、誰か1人に残ってもらって、2人きりで話すとしたら、どの人がいいですか？」と、5分後に聞かれたとしたら、身を乗り出して聞いてくれた人を指名する人は多いはず。

相手の話に体ごと反応するだけで、好感度がグッと上がるのです。

なぜこうしたリアクションやちょっとしたしぐさだけで、好感度がアップするのでしょうか。そこには人間の本質的な欲求が隠れています。

その欲求とは**「自分の話を聞いてほしい」**ということ。

逆に言えば、「自分の話を聞いてもらえない」のは、本当につらいことなのです。

先日、ある喫茶店で仕事をしていたら、五十代ぐらいの女性2人が隣に座りました。

そのうち1人の女性が、自身の悩みを口にします。

「○○さんはね、自分の話ばっかりして、私の話を聞いてくれないのよ」

「私はね、人の話も聞いて自分の話もするんだけど、あの人はね、自分の話しかしないの！」

こんな具合に、その女性は終始「聞いてもらえない自分」の話をしていました（笑）。

ここまでくれば、「話を聞いてほしい」というより、「自分が話したい」だけかもしれませんが、誰でも「話を聞いてほしい」という切なる願いを持っているのです。

相手　「私、話してもいいのかしら」

あなた「どうぞ、話してください」

相手　「あの、このまま話を続けていいのでしょうか」
あなた「もちろん、あなたの話をもっと聞きたいです」

いちいち言葉で伝えることなく、体を動かすことで相手にＯＫサインを送るのです。

そうすれば、安心して相手は話ができます。

そして、最後には「あなたとまた話がしたい」という気持ちになるでしょう。

このように、**相手の「話を聞いてほしい」欲求を満たし、相手に気持ちよく「話させる」力さえ身につければ、たいていの人間関係はうまくいく**はず。

雑談力はやはり、人間社会において不可欠な、「生きる力」そのものなのです。

41

雑談の「同時通訳者」になって、ひとりぼっちを救おう

3人以上の雑談で何人が共通の話題で盛り上がりつつあるケースで、話に入れない人を雑談に誘い込む方法としてもっともシンプルなのが、「話の内容の解説」です。たとえば4人の雑談で3人の共通の友人の話になり、1人だけ「誰のこっちゃわからない」置いてけぼり状態のとき。

盛り上がる3人の誰かが話の合間に、残された1人に

「ごめん、ごめん、これ、大学時代のゼミの友達の話なんだけど」
「そう。もう故郷で就職してるんだけど、とにかく強烈でクセが強いヤツでさ」
「先週、ゼミの同窓会で久しぶりに飲んだときも大変だったんだよ」
「今、昔のアイツの武勇伝を思い出してたんだよ」

と、その話の概要を解説するのです。

これをするだけで、事情を知らない1人も「ふん、ふん、そうなんだ」「そんなに濃い友達がいるんだ」と話の内容が把握できて、置いてけぼり感や孤立感はグンと薄

らぎます。

多数派による解説は、話がわからない1人にその場で翻訳する「同時通訳」のようなもの。3人が日本語で話しているところに、日本語ができないアメリカ人やイタリア人、ドイツ人などがやってきても何を話しているかはチンプンカンプンでしょう。でもそのとき、3人のうちの1人が通訳をしてくれると、話していることが理解できて疎外感が薄れるのと同じことです。

職場の飲み会などでも、年配の人たちの間でつい昔話が始まってしまうことがあります。そうなると当然、新人や若手社員はまったく話に入れないわけです。

「あの人、オレが入社した当時はさあ〜」
「オレらもみんな若かったからな」
「そういえばあの人に息子がいただろう」

そんな話になっても、そんなに昔の話、自分が入社する前の話では、わかるはずもなく、若手社員は置いてけぼり、退屈で早く帰りたいと思ってしまい、二次会に参加せずにさっさと帰ってしまうのも当然のことです。なのに「最近の若手はつき合いが悪い」は、タチが悪すぎます。

とはいえ、年配社員が集まれば、どうしたって昔話は避けられません。

ではどうすればいいか。

年配社員が、話の合間に、若手に向かってまず、「ああ、君たちはわからなくて当たり前だよな」と。そしてその後に、

「いや、もう30年も前の話なんだけど、伝説のスパルタ営業部長ってのがいてさ」
「そうそう。予算が達成できないとぶん殴るわけ」
「今ならすぐパワハラで訴えられるけど、当時はそれが通用してたんだ」
「で、その人の息子が○○社にいるらしいって話なんだよ」

と昔話の概要を説明してくれれば、若手社員も「なるほど、昔はそんな強烈な人がいらっしゃったんですか」となるでしょう。

不思議なもので、こうして同時通訳を受けているうちに残された1人の中に、「ク

セの強いゼミの友人」や「伝説のスパルタ営業部長」の情報が蓄積されて、それが3人と一緒の**疑似的な共通体験になる**ことがあります。つまり、その人を知っているような気分になるのです。

そうなれば、クセの強いゼミの友人の話にも

「その人って地元でどんな仕事してるの？」

「それが小学校の先生なんだよ」

「らしくないですね。で、結婚は？」

「学生結婚。仲間内でいちばん早かったよ」

「へえ、それも何だからしくないですよねぇ」

「そうそう、みんなそう言ってるよ」

スパルタ営業部長の話にも、

「話を聞いてると、なんだか星一徹みたいなイメージですね」

「顔は鬼瓦ゴンゾウって感じだな」

「やっぱりそうですか」

「でも子煩悩で、さっき話に出た娘さんにはデレデレだったけどな」
「娘さん、まさか父親似とか？」
「それが美人なんだよ。奥さん似なんだな」
「よかったですね」

会ったことも話したこともない人の話題に、自然と参入するのも難しくないでしょう。

事情を知らない人には、話しながら事情を教えてあげる。

何とも当たり前のアプローチですが、それによって事情を知らない人が「知ってるつもり」になることで、全員が同じ話題を共有することができます。

その結果、会話のパワーバランスが「2対1」から「1対1対1」になるのです。

42

「副音声でお届け」で、雑談のギャップをなくす

ちなみに、若手がもっとシラケる話題は、年配社員の

「そういえばバブルの頃はさ……」

という過去のご自慢です。

今の時代は、会社の経費を使い放題なんてことはありえないし、年配社員の「ご自慢」も、「自分のおカネでやっていたわけではないのに」という不信感やセコイ人だという悪印象さえ与えてしまいます。

同様に、セクハラだと感じる話題もご法度です。

既婚者の年配社員で、結婚後にモテた話などを「武勇伝」のごとく話す人がいますが、今の時代、不倫や下ネタは、もっとも忌み嫌われる話題です。

いくら仕事のできる上司だとしても、「あの人は人として信頼できない」と、若手は引きます。それどころか、「こんな会社に自分はいていいのか」「こんな上司についていきたくない」と、入社早々、転職を考えたりするかもしれません。そうなれば、会社にとっての損失は計り知れません。

暴走する年配社員の無配慮な雑談は、若手を「ぼっち」にするだけではなく、世代間の大きな「断絶」を生む恐れさえあるのです。

こんなときは、暴走年配社員が出てくる前に、あなたが**「副音声」で、「世間の声」をお届けするのです。**

「タクシー券使い放題なんて、今思えば、本当に異常事態だよね」

とか、

「今の時代、芸能人でも不倫したら、世間を敵に回して一巻の終わりですよ」

などと、早めの段階で、年配上司にブレーキをかけるようなひと言を入れるのです。

そしてそのひと言で「世間の声」つまり「若手の心の声」を代弁し、周囲が「そうそう」と安心して話を聞けるように、場を整えるのです。

若手社員や女性社員が強くうなずいたとしたら、その話は終了のサイン。

第2章でお伝えした、「ずらして投げる」を使えばいいのです。

「もし今、『経費は年間４００万円まで使っていい』と会社に言われたら、何に使いたいですか？」

とか、

「自分の記憶にない、『モテた瞬間』ってありますか？　私は保育園のときに先生たちからモテモテだったらしいんですが、まったく覚えていないんですよ……」などと、さりげなく話題をずらして、若手に質問を投げかけるのです。

こういうときに役立つのが**「もし○○だったら」という質問**。

プライベートを聞くことがタブーとされる今の時代、こうした話題は無難であることはもちろんですが、人となりもうかがえるもの。誰も傷つけません。

先の「もし年間400万円経費を使えるとしたら」であれば、

「酸素カプセルを置く。それはいいね。じゃあDさんだったら、どうします？」

「夜間大学院に通うなんて、すごい！　Eさんは何に使ってみたいですか？」

といった具合に、答えた人のコメントをポジティブに受けて、次の人にパス回しをする。そうして全員が話をしているうちに、一体感が醸成されていくはずです。

「同時通訳」と「副音声」。

この2つの雑談テクニックを知っているだけで、あなたの「場回し能力」は格段にアップすること間違いありません。

43

日本のお酌文化に学ぶ「目配り」

盛り上がっている話の陰で輪に入れずにぽつねんと暇を持て余している人をいち早く見つけ、その人に話を振る。

３人以上の大人数での雑談でひとりぼっちをつくらないためには、盛り上がっている側のそうした目配りも大切です。

自分たちの話に夢中になって、誰かが置いてけぼりになっているのを気づかないようでは、社会性が欠如していると言われても仕方ありません。

飲み会で自分の隣や近くにいる人のグラスが空いていれば、「どうぞ」と言って注ぐ――日本にはお酌をするという文化があります。

近年では、女性や若い人にお酌をさせるのはセクハラやパワハラになる、欧米にはない日本の悪しき接待文化、自分のペースで飲みたい、気をつかうから面倒くさいなどといった理由からお酌の文化を否定的に見る人も少なくありません。

もちろんお酌の強要などあってはならないことなのですが、私はこのお酌文化には古来受け継がれてきた意味と理由があると思っています。

ひとつには、**その場に居合わせた者同士、ちょっとしたコミュニケーションのきっかけになるということ**。

職場や知人との飲み会ならともかく、仕事で出席した立食パーティーなどでは、周囲は知らない人ばかり。そんなときでも乾杯の前や歓談中にグラスが空いている人を見つけて「どうぞ」と注ぎ合うことをきっかけに雑談の糸口が生まれ、居心地の悪さが薄らぐことは往々にしてあります。

いきなり近づいておもむろに話しかけても相手が引いてしまうかもしれませんが、互いに空いたグラスとお酒のボトルがあれば、ちょっとした雑談を交わす大義名分ができます。

「あ、ビールでいいですか。まあまあ、どうぞ」
「これは、どうもすみません」
「私は仕事で義理があって参加したので、知り合いが少なくてね」
「誰も知らないと身の置き場に困りますよね」
「実は私もね～」

といった雑談が生まれ、居心地の悪さが解消される。つまり、お酌という行為が自分の気づまりを解消するきっかけになるということです。
そしてもうひとつ、**自分ではなくほかの人を孤立から救う**というメリットもあります。

「○○さん。グラス空いてるじゃないですか。はい、どうぞ。そんな隅っこじゃなくてこっちに来て話しましょうよ」
「ここ、いいですか、失礼します。△△さん、まあ一杯いきましょう。あれ。今日はやけに静かですね。どうしちゃったんですか？」

こうしたケースでのお酌は、空いているグラスにお酒を注ぐことだけが目的ではありません。場の盛り上がりにとけ込めていない人、宴席になじめず何となく時間を持て余している人など、「2対1」でいう「1」になっている人に会話の水を向ける手段になっています。

自分たちが飲んで話すことだけに夢中になるのではなく、ひとりぼっちを見つけて、「あの人ひとりで寂しそうだから、お酌をしがてら話をしよう」と気づかう。**日本のお酌文化の神髄は、ハラスメントとは対極の「集団コミュニケーションにおける気づ**

かい」にあるのです。

そして誰も傷つけず、誰もひとりぼっちにせず、みんなで盛り上がる大人数での雑談における気づかいは、このお酌文化に学ぶべきところが多いと思います。

この技が使えるのは、実は飲み会やパーティーの席だけではありません。

「回覧」と書かれた書類を回す際、出張先でもらった名産品のお菓子を社内で配るときなど、**「話しかけるきっかけ」となる何かを手にしたときは、すべてこのテクニックが応用できます。**

こういうときこそ、普段、あまりほかの社員と話さない人や、異動や中途入社で新しく職場に配属された人にあえて手渡しをして、「おひとついかがですか」などとひと声かけてみるのです。その行為が、「輪の中にあなたも入りませんか」というサインになります。

ぜひ実践してみてください。

44

所ジョージさんに学ぶ「まんべんなさ」と「さりげなさ」

雑談も参加する人数が増えてくると、話に入れないひとりぼっちが生まれやすいだけでなく、みんなが同時に話したり、逆にいっせいに黙ってシーンとなったり、話が入り乱れて何を話しているのかわからなくなったりと、収拾がつきにくくなりがちです。

そんなときに、場をさりげなく取り仕切って雑談を落ち着かせることができる人のことを、私は鍋奉行ならぬ「雑談奉行」と呼んでいます。

鍋料理であれこれ世話を焼く鍋奉行のように表立って「場を仕切る」のではなく、あくまでもさりげなく「場を回す」役割を担うのが雑談奉行です。

最近「ファシリテーター（中立的な進行役）」という言葉が注目されています。

自分は話しすぎず、**みんなに気持ちよく話させる雑談の進行役であり司令塔である雑談奉行は、まさにファシリテーターに近い存在といえるでしょう。**

所ジョージさんと仕事をご一緒する機会が多いのですが、彼こそまさに雑談奉行、「場を回す」達人です。

ご自身がＭＣを務める番組でもフリートークになると、

「○○さんは、こういうのどうなの？」

「じゃあ△△くん、カメラに向かって、タイトルコール、ハイ」

と、出演者全員に話を振って全員からきっちりコメントを引き出し、ひな壇の後ろのほうであまり話していないゲストがいると、それを見逃さずに必ずその人に話の矛先を向ける。

こうしてまんべんなく話を振ってくれるので、「ゲストに呼ばれたけれど何も話せずオンエアでほとんど映らなかった」といったこともありません。

出演者全員が所さんと絡みのトークができる。もちろんそのためには、事前にゲストに関する情報をしっかりインプットして、ゲストの「今」や「旬」の話題を引き出すための準備をしているのは想像に難くありません。

この気配り、目配りが雑談奉行たる所以、この気づかいこそが所さんの大きな魅力、真骨頂なのです。

ＭＣである自分とレギュラー出演者にゲストを加えたトークは、既存のコミュニティに初めての人を迎える「公園デビュー」、3人以上の雑談における「2対1」のパワーバランスと構造的に近いものがあります。

そのときのポイントは**「多数派の気づかい」にある**ことはすでに申し上げましたが、所さんはその気づかいの達人でもあります。

トークではレギュラーメンバーをイジッて笑いをとりつつ、その笑いの延長線上でゲストにさらりと話を向ける。すでに関係性のでき上がっているレギュラーを動かすことで、1回だけ出演するゲストの存在を引き立て、話を盛り上げる。これが実に巧みなのです。

たとえば所さんがMCを務める『所さんのニッポンの出番！』（TBS系）という番組がありましたが、ここでは毎回、番組終わりに所さんがカメラに向かって「ニッポンの出番！」と番組名を言う（タイトルコールする）のがお決まりになっています。

ところが嵐の松本潤さんがゲストだった回では、所さんはレギュラーメンバーであるKAT-TUNの中丸雄一さんにいきなり、「じゃあ中丸くん、タイトルコールお願い」と話を振りました。すると――。

それをきっかけに、中丸さんは「急にそんなぁ」と驚きつつ、普通にタイトルコールする。

コールを聞いた所さんは「ん〜ダメだな（笑）。何か違うんだよね〜」とダメ出しをして笑いをとる。

そこで今度は「じゃあ松潤、ちょっとやってみてよ」とゲストに矛先を向け、松本さんが、

「ニッポンの出番！」

「決まったねぇ。これよ、これ。こうじゃなきゃ」

「オレのとどこが違うんですか（笑）」――そして、エンディング。

中丸さんはレギュラーなので多少、ネタに使ってイジッても大丈夫。そこで最初にレギュラーの中丸さんをイジることで、ゲストの松本さんに「おいしいところ」をきっちり持って行かせるわけです。

これなら中丸さんもおいしいし、松本さんもおいしい。レギュラーとゲストの一体感も演出できる。**多数派をイジるという気づかいで、少数派であるゲストを盛り立てる**、所さんの巧みな「場を回す」雑談奉行ぶりがうかがえるシーンです。

45

自分が会話の少数派になったら

次は視点を変えて、自分が「2対1」「3対1」の「1」、つまりひとりぼっちの側になったケースを考えてみましょう。

たとえば、その場に居合わせた4人のうち、3人には「フェラーリが好き」という共通点があり、自分だけがクルマに関心がなかったとします。3人は「フェラーリ」の話で盛り上がっているけれど、自分はまったくの門外漢で話がわからない。この段階での雑談のパワーバランスは明らかに「3対1」になっています。当然、自分は「1」の側にいるわけです。

こういう状況になった場合、疎外感や孤立感、いじめられてる感を追い払うには、こちらから積極的に3人の話題に食い込んでいくしかありません。

フェラーリのことをよく知らなくても、フェラーリ以外の話をしてほしくても、それは潔く「仕方ない」とあきらめる。そして「今日はフェラーリについて勉強する、知識を増やす絶好のチャンスじゃないか」と思考を切り替えてみましょう。

そう割り切って、**3人の話に驚きや納得のリアクションを挿入していくのです。**

たとえば、

「へえ、フェラーリのエンブレムの馬、ポルシェと同じなんだ」

「『ディーノ』は創業者の息子の名前！　車名にもいろいろ由来があるんですね」


さらに食い込むためには、知らないことや素朴な疑問を3人の会話の合間に投げ込んでいきましょう。「あんまり詳しくないんですけど〜」を枕詞にして、

「フェラーリの車種って、全部でいくつぐらいあるんですか？」

「ひと口にフェラーリといっても、価格もかなり違うんですね」

「国産車よりも維持費が格段にかかるんでしょう？」

「有名人だと誰がどんなのに乗ってるんですかね？」

などと質問をする。

こちらは知識がほぼゼロなのですから、**知ったかぶりをせずに、知りたいことをどんどん聞けばいい。**

たとえば、自分以外の3人が同じ九州の出身ということで盛り上がっていたら、自分が九州へ行ったときの話や、自分の知り合いの九州人の話を持ち出しながら、
「やっぱり、九州って食べ物が安くておいしいですよね」
「友人に九州人がいるんですが、九州男児ってみんなこうなんですか？」
「でも南と北では人の気質もまったく違いそうですよね」

「知らないから話に入れない」と、ぽつねんとしているのではなく、自分から積極的に食い込んでいく。そうすることでひとりぼっちを回避できるだけでなく、未知なる分野の新しい知識を得ることもできるのですから。

その3人に社会性があれば、「あ、自分たちだけで盛り上がって悪いことをしたな」と感じて、いろいろと教えてくれるはず。「わからない話をして申し訳ない」と自覚しながらも、楽しくてついつい話題を変えられないというケースが多いのです。

もしも、その3人がこちらの食いつきを無視する、質問にもまともに答えてくれないという態度なら、**さっさとその場を立ち去ってしまってOKです。**

「何も知らないヤツが、こっちの楽しい会話にブレーキをかけるような質問ばっかりしやがる」などと思うような意地の悪い、社会性のない連中はこちらから願い下げです。場の空気をほぐす必要もなければ、無理してつき合う必要もありません。

3人以上の雑談では多数派が気をつかうだけでなく、残された側が「絶対にひとりぼっちにならない」「仲間外れにされない」という強い意思を持つことも大事。

孤独を味わいそうになったときには自分から積極的にアプローチする。どんな話題にも食い込んで、こちらから仲間に入っていく。そのちょっとした「勇気」もまた雑談力のひとつなのです。

46

みんなの「盛り上げ役」を買って出る

授業でよくやるのが、学生を4人一組に分けて、「○○について、4人で話し合ってアイデアを出し合ってください」というワークです。つまり、限りなく雑談に近いブレーンストーミングをさせるわけです。

すると、4人のうち3人はいろいろと思いつくけれど、あとの1人だけ全然アイデアが出てこないというケースがよくあります。こうした状況で、その1人が焦ったり、落ち込んだりして黙り込んでしまうと、そのグループ全体の空気がどんよりと重くなってしまいます。

そうしたときには、「じゃあ、アイデアが出ない人は、グループのみんなを盛り上げてください」と言って、その雑談の盛り上げ役になってもらいます。

具体的には、**誰かのアイデアに対して何らかのリアクションをするだけ**です。

「うわ、すごいね。それいいんじゃない？」

「それ、おもしろい。絶対にウケるって」
「よくそんなこと思いつくな。やっぱり目の付け所が違うね」

ある程度のおべんちゃらであっても、問題なし。Aさんが話したら驚き、Bさんの思いつきに拍手し、Cさんのひと言に共感する。前見て、右見て、左見て、声を出して、体を動かして、焚きつけて、盛り上げてくださいと。

そうした盛り上げ役＝話の受け止め役が1人いると、グループ全体に活気が生まれ、場の空気があたたまり、ほかの3人も頭が柔軟になって、より優れたアイデアを思いつきやすくなります。

先にも例に挙げましたが、ＭＬＢ・シカゴ・カブスの川崎宗則選手は自分が取材される時だけでなく、自分が出場できない試合でもベンチで大きな声とパフォーマンスでチームを鼓舞しています。そこには「試合に出られないからこそ声を出して、メンバーを盛り上げる」という思いがあるのでしょう。

雑談においても、この気持ちが大切なのです。

とりわけ**3人以上の会話の場では、こうした「応援力」が効果的に作用します。**

自分だけアイデアが出せない、自分だけ話題についていけない——こうした状況に陥ったときは顔を伏せて黙り込むのではなく、自分の立ち位置をガラリと変える。

ここはみなさんにお任せして、自分は盛り上げ役に徹します。後方支援に回ります。話のリアクションはお任せください。私がきっちり受け止めます——。

こういうときこそ、この本で紹介している**受けの雑談、話させる雑談、リアクション雑談が効力を発揮するのです。**

おわりに　必要なのは、ひとさじの「勇気」だけ

電車やバスでお年寄りに「どうぞ」と席を譲ることができず、乗っている間も降りた後も、心が悶々《もんもん》としてしまう。

道に迷っている人を見て「大丈夫かな」と気になりながらも声をかけられず、誰かが教えてあげるだろうと立ち去ってしまう。

そんな苦い経験を持っている人も多いのではないでしょうか。席を譲りたい気持ちはあるのに、道を教えてあげたい気持ちはあるのに、声をかけられない。そんな自分の勇気のなさに心苦しさを感じてしまう――。

雑談が苦手という人の多くは、こうしたケースと同じような心理状態に陥っていると考えられます。

相手だって気づまりを感じているとわかっているのに、こちらからは声をかけられず、黙り込んで下を向いてその場をやり過ごしてしまう。そして後に、気まずい思いだけが残ってしまう。

あのとき何でもいいからひと言、話しかけることができたなら——。

『論語』の中で孔子は、「智の人は惑わず、仁の人は憂えず、勇の人は恐れず」と述べ、人間にとって「智・仁・勇」の3つが大いなる徳であると説いています。

「智」は一般常識や社会通念、最低限の教養といったもの。
「仁」は優しさや真心、気づかいや誠実さといったもの。
「勇」は怖がらない心、一歩踏み出す心、自分を開示できる心といったもの。

お年寄りが乗ってきたら多くの人が「席を譲ろう」という気持ちになるでしょう。道に迷っている人を見たら「教えてあげたい」と思うでしょう。なのに「ここ、どうぞ」が出てこない。「何かお困りですか?」のひと声がかけられない。

「智」はある——人には親切にするという社会常識はある。
「仁」もある——人の気持ちを察してあげる優しさもある。

ただ、それを言葉にする「勇」だけが足りていないのです。

エレベーターで2人きりになったら、自分の気づまりだけでなく、相手の気づまりを、その場の閉塞感を解消したいと、みなさんが思うでしょう。これが「仁」です。

台風が接近していて向こう1週間は雨模様の日が続きそうなことを、朝の天気予報で見たとしましょう。これが「智」です。

仁も、智もある。

あとは、「しばらく雨が続くみたいですね」「こう毎日だと、気が滅入っちゃいますね」のひと言を口に出す「勇」があるかどうか。

そう、雑談で何よりも大切なのは、この「ひと声をかける勇気」です。自分から胸を開いて、心を開いて、相手にアプローチする勇気、それさえあれば、誰もが雑談上手になれるのです。

雑談なんて簡単です。本書でも書いたように、10秒もあれば成立してしまうほどに、自分が話の主導権を握らずとも成立してしまうほどに、簡単です。

ことほどさように簡単な雑談の、ハードルが高く思えるのは、最初の一歩を踏み出すときだけ。最初のひと言を口にするときだけ。
勇気を出してひと声かければ、あとはあなたの「智」と「仁」が、気づまりだった時間を心地よく後味のよいものに変えてくれます。

だからいつでも、ほんのひとさじの勇気を。
その勇気が、あなたと相手を、あなたと周囲を、あなたと社会、あなたと人々を結び付ける大きな力になるのです。

2017年1月

齋藤 孝

［著者］

齋藤 孝（さいとう・たかし）

1960年、静岡県生まれ。東京大学法学部卒業。同大学院教育学研究科博士課程を経て、明治大学文学部教授。専攻は教育学、身体論、コミュニケーション論。テレビ、ラジオ、講演等、多方面で活躍。
著書は『声に出して読みたい日本語』（草思社）、『読書力』『コミュニケーション力』（岩波新書）、『現代語訳　学問のすすめ』（ちくま新書）、『質問力』（ちくま文庫）、『語彙力こそが教養である』（角川新書）、『雑談力が上がる話し方』『雑談力が上がる大事典』（ダイヤモンド社）など多数ある。

会話がはずむ雑談力

――10秒でコミュニケーション力が上がる

2017年1月13日　第1刷発行

著　者――――――齋藤 孝
発行所――――――ダイヤモンド社
〒150-8409　東京都渋谷区神宮前6-12-17
http://www.diamond.co.jp/
電話／03･5778･7236（編集）　03･5778･7240（販売）
編集協力――――――柳沢敬法
装丁、本文デザイン、DTP ――鈴木大輔（ソウルデザイン）
カバー写真――――――佐久間ナオヒト（ひび写真事務所）
校正――――――三森由紀子
製作進行――――――ダイヤモンド・グラフィック社
印刷――――――勇進印刷（本文）・加藤文明社（カバー）
製本――――――ブックアート
編集担当――――――和田史子

ISBN 978-4-478-06861-8